SALONS
ET
SOUTERRAINS
DE PARIS,

Par MÉRY.

1

PARIS,
BAUDRY, LIBRAIRE-ÉDITEUR
De Paul de Kock, Alphonse Karr, Léon Gozlan, M︎ᵐᵉ la comtesse Dash, Dumas,
Emm. Gonzalès, M︎ᵐᵉ Camille Bodin, Théophile Gautier, de Bazancourt, etc., etc.

RUE COQUILLIÈRE, 34.

SALONS
ET
SOUTERRAINS
DE PARIS.

EN VENTE CHEZ BAUDRY, ÉDITEUR.

LE VENGEUR DU MARI, par Emmanuel Gonzalès	3 vol. in-8.
GEORGES LE MONTAGNARD, par de Bazancourt	3 vol. in-8.
LES AMOURS DE BUSSY-RABUTIN, par Madame Dash	4 vol. in-8.
ESAÜ LE LÉPREUX, par Emmanuel Gonzalès	3 vol. in-8.
LA MARQUISE SANGLANTE, par Madame Dash	3 vol. in-8.
TAQUINET LE BOSSU, par Paul de Kock	2 vol. in-8.
LA FAMILLE ALAIN, par Alphonse Karr	3 vol in-8.
L'AMOUR QUI PASSE ET L'AMOUR QUI VIENT, par Paul de Kock	2 vol. in-8.
LA MAISON DOMBEY PÈRE ET FILS, par Charles Dickens, traduit par Benjamin Laroche	2 vol. in-8.
DEUX FEMMES ou l'Égoïste et le Dissipateur, par L. de Constant	2 vol. in-8.
LE CHATEAU DE MONTBRUN, par Élie Berthet	3 vol. in-8.
SCÈNES DE LA VIE RUSSE, par un conseiller d'État	4 vol. in-8.
CÉSAR BIROTTEAU, par Balzac	2 vol. in-8.
SORTIR D'UN RÊVE, par Eugène de Mirecourt	2 vol. in-8.
LES STUARTS, par Alexandre Dumas	2 vol. in-8.
L'AMOUREUX TRANSI, par Paul de Kock	4 vol. in-8.
UNE TÉNÉBREUSE AFFAIRE, par Balzac	3 vol. in-8.
LE DUC D'ENGHIEN, par Marco de Saint-Hilaire	1 vol. in-8.
LES HABITATIONS NAPOLÉONIENNES, par le même	1 vol. in-8.
LE GANTIER D'ORLÉANS, par J. Lafitte	3 vol. in-8.
SATANSTOÉ, ou la FAMILLE LITTLEPAGE, par Cooper	2 vol. in-8.
LES JUMEAUX DE LA RÉOLE, par André Delrieu, auteur de la Vie d'Artiste	2 vol. in-8.
ROSE ET MARIE, par l'auteur de l'Échelle du Mal	1 vol. in-8.
DETTE DE JEU, par P.-L. Bibliophile Jacob	2 vol. in-8.
L'AMANT DE LA LUNE, par Paul de Kock	10 vol. in-8.
D'ARTAGNAN, CAPITAINE DES MOUSQUETAIRES, pouvant servir de complément à Vingt ans après, par Alexandre Dumas, ouvrage complet	en 2 beaux vol. in-8.
ALICE DE LOSTANGE, par Madame Camille Bodin	2 vol. in-8.
LE GARDE D'HONNEUR, par Roger de Beauvoir	2 vol. in-8.
L'HOTEL PIMODAN, par le même	4 vol. in-8.
LES BOURGEOIS DE PARIS, par Amédée de Bast	2 vol. in-8.
LA COMTESSE DE BRENNES, par Léon Gozlan	3 vol. in-8.
LES DEUX FAVORITES, roman historique du temps de Duguesclin, par Emmanuel Gonzalès	3 vol. in-8.
LA TULIPE NOIRE, par Alexandre Dumas	3 vol. in-8.
JEAN ET JEANNETTE, par Théophile Gautier	2 vol. in-8.
FRANCINE DE PLAINVILLE, par Madame Camille Bodin	3 vol. in-8.
DIANE DE LYS ET GRANGETTE, par Alexandre Dumas	3 vol. in-8.

SALONS
ET
SOUTERRAINS
DE PARIS,

PAR MÉRY.

1

PARIS,
BAUDRY, LIBRAIRE-ÉDITEUR

De Paul de Kock, Alphonse Karr, Léon Gozlan, Mme la comtesse Dash, Dumas, Emm. Gonzalès, Mme Camille Bodin, Théophile Gautier, Méry, etc., etc.

RUE COQUILLIÈRE, 34.

Paris, Imprimerie de Paul Dupont,
rue de Grenelle-St-Honoré, 45.

1.

TROIS HOMMES SUSPECTS.

Deux hommes étaient arrivés au fond d'une galerie ténébreuse, en éclairant leurs pas avec une lampe de sépulcre, que l'humidité du lieu menaçait d'éteindre à chaque instant. L'élégance qui distinguait ces hommes formait un étrange contraste avec les objets du voisinage. A droite et à gauche s'alignaient, dans un bel ordre symétrique, des assises d'ossements humains dont la teinte noirâtre annonçait la vétusté. Cette lugubre décoration se laissait voir encore à l'extrême lueur de la lampe, par des carrefours infernaux, sous des voûtes de galeries, qui paraissaient devoir prolonger à l'infini le double soubassement de la Mort. Les deux hommes s'arrêtèrent devant une espèce de chapelle qui portait sur son autel délabré cette inscription : 2 et 3 septembre 1792, et couvrait ses murs à rotonde d'un amas hideux de débris humains.

Le plus âgé des deux déposa la lampe sur l'autel, et dit :

— Attendons ici l'avocat Benoît.

— Et en l'attendant, dit l'autre, changeons de toilette.

Aussitôt il s'approcha du mur, toucha un ressort, fit tourner un panneau, et prit dans une armoire secrète deux costumes complets, dont la mode ancienne et bourgeoise contrastait beaucoup avec les habits dont ils se dépouillèrent, comme deux acteurs qui vont jouer un rôle nouveau.

Ainsi vêtus, ces deux hommes paraissaient appartenir à la classe vénérable des rentiers de la rue Charlot. Le plus âgé, qui comptait à peine trente-cinq ans, sous l'autre costume, parut tout-à-coup en avoir dix de plus, grâce à un vaste habit marron orné de deux boutons d'or, très-écartés sur la chute de la taille; à un gilet jaune, dont le collet raide était taillé à pic, et à une cravate blanche nouée très-négligemment. Sa figure, très-bien servie par ce costume, prit l'expression sereine du rentier heureux et rasé de frais. Il ressemblait à un honnête homme au premier coup d'œil.

Son camarade, jeune homme de vingt-six ans, souple de taille et fringant de maintien, quand la mode du jour l'étoffait de pied en cap, se fit ressembler, sous le second costume, à un provincial des frontières champenoises, âgé de trente-cinq ans, et qui avait attendu le chemin de fer de Troyes, pour hasarder un pre-voyage à Paris.

En avançant, ces deux hommes se feront mieux connaître. Un premier coup de crayon leur suffit pour le moment.

— Voyons, mon petit Lecerf, dit le premier, ne perdons point de temps, et achevons notre leçon...

— Continuez, Pritchard, dit le plus jeune en s'asseyant.

— Quelle dynastie régnait en Angleterre au milieu du neuvième siècle?

— La dynastie saxonne.

— Quel fut son dernier roi?

— Ethelred.

— Qui régnait en France lorsque les Danois ont détrôné les Saxons en Angleterre?

— Louis V surnommé le Fainéant.

— Pourquoi Louis V a-t-il été surnommé le Fainéant?

— Parce qu'il n'a point fait de guerre.

— A quelle époque a-t-on commencé à compter de l'ère chrétienne?

— En 516.

— Quand le Code Justinien a-t-il été proclamé ?

— En 529.

— C'est bien, mon petit Lecerf ; en voilà assez pour aujourd'hui, demain je t'interrogerai sur la physique, sur l'astronomie et sur le whist.

— Je suis toujours prêt.

— As-tu le *Journal des Tribunaux* de ce matin ?

— Est-ce que j'oublie quelque chose ?

— Bien ! il ne faut jamais rien oublier. Un écart de mémoire est toujours fatal.

— Voici le *Journal des Tribunanx*.

— Lis l'essentiel comme l'ordinaire.

— Oui, Pritchard... *Tribunal de commerce...* rien de bon... *Police correctionnelle...* rien... *Cour d'assises...* encore rien... des bêtises... Une société en commandite dissoute... Un mari qui a donné des coups de bâton à sa femme... un procès de billets faux... voilà tout.

— Et dans les *Faits divers ?*

— Ah! j'y ai trouvé quelque petite chose... Voici... « Le nommé Alexis N...,
» âgé de trente-sept ans, a commis un at-
» tentat avec violence contre la femme Thé-
» résine L..., blanchisseuse de fin, au domi-
» cile de cette dernière, rue Hauteville. Les
» voisins attirés par les cris de la victime
» ont enfoncé la porte et livré le criminel
» à la justice. Ce crime a été commis à
» onze heures du matin. »

— En voilà encore un qui ne se gêne guère! dit Pritchard en éclatant de rire ; comprend-on de pareils fous ! à onze heures du matin ! l'imbécile ! comme il avait bien pris ses précautions !... voyons, y a-t-il quelque chose encore, mon petit Lecerf?

— Attendez, Pritchard... Oui... une bagatelle... « Le nommé Théodore G..., » tuteur de la demoiselle Betty V..., a été » arrêté, ce matin, comme prévenu de vol » commis au préjudice de sa pupille... »

— Il est encore adroit, ce tuteur! dit Pritchard; vraiment les gens sont trop bêtes. Ce monsieur Théodore a une pupille, c'est-à-dire un enfant qu'on mène par le bout du nez, quand on a un pouce et un index, et il s'amuse à la voler! avec effraction peut-être!...

— Il faut désespérer de la perfection du genre humain... continua Lecerf...

— Il n'y a plus rien?...

— Quelques niaiseries insignifiantes... un homme, dans la rue Saint-Honoré, qui a cassé une vitre de bijoutier pour prendre une bague à l'étalage...

— Il est encore adroit celui-là ! dit Pritchard.

— Ah ! il y a encore ceci, continua Lecerf... Un jeune homme arrêté au salon du Louvre, devant le grand tableau de Courbet.

— Il voulait voler le tableau ? demanda Pritchard en riant.

— Mieux que cela !

— Il voulait enlever le Louvre ?

— Encore plus fort ! Il voulait enlever une femme sous le bras de son mari, au milieu de deux cents spectateurs. La femme a poussé un cri terrible...

— Je crois bien !...

— Le mari a saisi le jeune homme au collet ; la foule a prêté main-forte ; les gardiens du Louvre sont arrivés la hallebarde au poing ; le poste de la garde nationale est monté à l'assaut ; le gouverneur du château a fait battre aux champs; plusieurs femmes se sont évanouies. Enfin, on a reconnu l'origine de tout ce bruit, et on a conduit en prison le jeune homme, qui répétait à l'officier du poste, à chaque pas : C'est la passion qui m'a égaré !

— Imbécile ! dit Pritchard.

— C'est un mot qu'il a entendu au théâtre, dit Lecerf.

— Très-juste, mon ami. Tous ces niais étudient les passions dans des histoires fausses, et ensuite ils viennent jouer leurs drames sur la scène du monde. Mais au théâtre, il y a des prisons de toile peinte et des procureurs du roi de carton; le crime et la passion n'y courent aucun danger sérieux ; dans le monde réel, c'est autre chose. Allez dire à un juge d'instruction : *C'est la passion qui m'a égaré* ! Ce monsieur noir ouvrira des grands yeux châtains, et prendra une prise de tabac. On lui parle hébreu ; le Code nie les passions, et un juge ne connaît que le Code : au reste, il fait son devoir ; c'est à nous à faire le nôtre, mon petit Lecerf, n'est-ce pas ?

— Je ferai le mien.

— Les amours vont toujours comme nous voulons ?

— Les amours marchent à ravir.

— Très-bien, Lecerf. Nous arriverons : il y a trois millions au bout. Ce n'est pas à dédaigner.

— **Et quel jeu charmant nous jouons !**

— Parbleu ! un jeu sûr ! Au reste, je n'en joue jamais d'autre, moi !

— Quand je pense aux sottises que j'ai faites à vingt-deux ans, mon cher Pritchard, je rougis de la tête aux pieds

— Heureusement, je suis arrivé pour réparer tes sottises et te tenir lieu du père maladroit que tu as perdu.

— Vous êtes arrivé trop tard.

— Non, Lecerf, non. Tu avais besoin de recevoir une leçon. Ton père t'a laissé un immeuble superbe, rue Montorgeuil, une maison qui te rendait net quinze mille francs de rente. Tu as voulu tourmenter des sixains de lansquenet ; tu as voulu t'atteler à deux chevaux de race ! tu as voulu savourer de la chair de coulisses, et les ulcères rongeurs de l'hypothèque ont dévoré, en deux ans, les cinq étages de ta maison. Tu ne retomberas plus dans les mêmes erreurs, et je remercie le jeu, les quadrupèdes et les maigres figurantes qui t'ont ruiné.

— Il faut avoir été ruiné une fois dans sa vie, n'est-ce pas, Pritchard?

— Oui, Lecerf; mais il ne faut pas recommencer.

— Dieu m'en garde!

— Mon petit Lecerf, ce matin j'ai terminé mon travail, et à coup sûr, je ne fais pas erreur de cinquante louis dans l'estimation des revenus. La fortune de mademoiselle Clémence Aubigny repose toute sur d'excellents pavés des rues les plus marchandes de Paris. La seule maison de la rue du Sentier, qui n'est qu'un vaste magasin de toileries, est louée vingt-six mille francs : le bail a été renouvelé jusqu'en 1855.

— C'est superbe !

— Oui ! c'est superbe ; mais nous avons encore dix autres immeubles de plus ou moins de valeur, et c'est encore plus superbe ! M. Aubigny était le plus riche industriel du quartier des Bourdonnais, et il n'a laissé qu'une fille. Charmante fille d'ailleurs ; élevée comme une princesse, parlant comme une femme de Balzac, écrivant comme la fille de madame de Sévigné, chantant comme un premier prix du Conservatoire.

— Mais elle a oublié d'être jolie, mon cher Pritchard.

— Ah ! mon petit Lecerf ! elle n'est pas belle, c'est vrai ! On peut même dire qu'elle est laide. Ce n'est pas sa faute. Sa mère a vécu dans le fond d'une boutique sombre comme une grotte, au coin de la rue Estienne, où le soleil n'est connu que de réputation : il lui était impossible de mettre au monde une fille belle comme le jour. Mais, mon petit Lecerf, tu n'es pas homme à t'arrêter devant un nez plus ou moins bien ciselé, quand il représente la signature de trois millions de dot.

— Soyez tranquille, Pritchard, je passerai outre.

— A ton âge, Lecerf, il n'y a pas de jolies femmes, il n'y a pas de laides femmes : il y a des femmes.

— C'est très-vrai, Pritchard ; et si c'était faux, je le ferais vrai. Que ne sacrifierait-on pas pour trois millions ! De ce côté, vous êtes plus heureux dans vos amours, vous?

— Moi ? Lecerf, je ne te comprends pas bien.

— Madame Célestine Desglajeux est belle comme la beauté.

— Oui, mais cette belle médaille a un revers.

— Célestine est admirable à voir en tous les sens. Je cherche le revers.

— Elle ne m'aime pas : voilà le revers.

— Croyez-vous ?

— Oh ! je voudrais en douter, mon jeune ami ; mais aujourd'hui, à ma dernière visite, je me suis convaincu plus que jamais de cette vérité désolante ; en te disant qu'elle ne m'aime pas, je me flatte ; soyons plus vrai ; elle me déteste.

— Cela vaut mieux, peut-être, mon cher Pritchard. L'indifférence ne conduit jamais qu'à l'indifférence; mais la haine conduit souvent à l'amour.

— Lecerf, crois-le bien, la haine de Célestine ne prendra jamais ce chemin.

— Et vous l'aimerez toujours, vous? Pritchard ! Voilà une chose que je ne comprends pas ! L'amour ne peut vivre qu'avec l'espérance...

— Oh ! je connais le refain de cette vieille chanson; elle a été composée le siècle dernier, à l'époque où les bergers et les bergères peuplaient les salons de Versailles.

Crois bien, Lecerf, que je n'ai pas au cœur une de ces passions blondes qui se roucoulent dans les opéras-comiques entre deux amants poudrés! Un amour comme le mien grandit par le désespoir, et s'irite co mme la flamme contrariée. Tu verras le dénoûment!... Célestine joue un jeu terrible. C'est une de ces veuves étourdies qui ont pris des leçons de la *Célimène* de Molière, et qui croient que tous les hommes sont de bons diables d'Alcestes, abandonnant la partie au dernier acte pour se faire ermites au fond d'un bois.

— Pritchard, vous dites cela d'un ton qui fait trembler. Vos yeux brillent comme deux étoiles, dans ce coin noir du souterrain, et vos lèvres pâlissent sur votre visage enflammé.

— Lecerf, excuse ton maître ; je viens de faire une lourde faute. Ce sera la dernière. Il est vraiment absurde de dépenser de l'énergie au profit du néant. Gardons toutes nos forces ; ne gaspillons rien.

— J'entends marcher, dit Lecerf en

avançant de deux pas, voici notre troisième.

En effet, ils virent poindre d'abord une clarté pâle, dans la galerie souterraine, et une silhouette noire se dessina bientôt sur l'atmosphère livide d'une lanterne. Le troisième parut.

C'était l'avocat Benoît; un jeune homme de trente ans, tout vêtu de noir, sans préméditation d'élégance. Ses cheveux roux, taillés jusqu'à la racine, laissaient à découvert un front large et deux grandes oreilles sanguines. Deux protubérances vigoureuses couvraient ses petits yeux d'un vert mat; la coupe aquiline de son nez se terminait en pointe comme un bec, sur le buisson d'une moustache rousse. On entrevoyait, sous ce massif épineux, une lèvre inférieure très-large et très-écarlate, indice de toutes les convoitises et de tous les appétits.

Les mains se serrèrent, et Pritchard prenant la parole le premier : — Benoît, dit-il, nous t'avons attendu longtemps ; je présume que tu n'as pas dépensé tes heures en frivolités.

— Non, répondit Benoît.

— La soirée a-t-elle toujours lieu jeudi prochain ? demanda Pritchard.

— Oui, dit l'avocat.

— C'est bien, nous sommes prêts.

— Je l'espère.

— Ce diable de Benoît, dit Lecerf, est avare de ses paroles ; c'est l'homme des monosyllabes...

— Benoît a raison, remarqua Pritchard ; à quoi sert de parler, quand il n'y a rien à gagner au bout d'une phrase? Benoît est un avocat.

— Certainement, dit Benoît.

— Mais quand l'occasion se présente de faire un discours, continua Pritchard, oh! sa bouche est une cataracte de paroles ; il n'y a point d'écluses qui les arrêteraient.

— C'est vrai, dit l'avocat.

— Pouvu qu'on lui paie la cataracte à tant la goutte, ajouta Pritchard.

— C'est juste, remarqua Benoît.

— Voyons, ne perdons pas de temps davantage, dit Pritchard ; as-tu préparé l'article ?

— Le voilà.

— En es-tu content ?

— Lisez-le.

Pritchard s'empara de l'article que Benoît lui présentait, et s'approchant de la lampe, il lut ce qui suit :

« La dame Catherine Desmuirons a in-
»tenté une action en dommages et inté-
»rêts contre le sieur Lazare Grevin, qu'elle
»accusait de s'être porté sur elle à des
»violences graves... »

— Le style est bon, dit Pritchard en s'interrompant.

— Continue, dit Benoît.

Pritchard poursuivit sa lecture :

« L'affaire a été appelée jeudi au tribu-
»nal de police correctionnelle (6ᵉ cham-
»bre) : les débats ont été très-vifs, et
»surtout fort piquants à cause de quelques
»révélations que l'avocat de Lazare Grevin
»a cru devoir faire dans l'intérêt de son
»client. Sa plaidoirie, spirituelle et inci-
»sive, a produit une vive impression sur

»le tribunal, qui n'a pas fait droit aux
»prétentions de la plaignante, et l'a con-
»damnée aux dépens. »

Cette lecture faite, Pritchard fit un signe de satisfaction, et dit :

— C'est très-bien, Benoît, il n'y a rien à retrancher, rien à ajouter. Le morceau est complet. Allons mettre cela sous presse tout de suite.

Lecerf prit la lampe, et marcha le premier. Les trois acteurs de cette scène étrange pénétrèrent dans un carrefour voisin, où se trouvait un petit atelier d'imprimerie, pourvu du strict nécessaire.

Pritchard quitta son habit, retroussa les manches de sa chemise, et, prenant un *composteur*, il composa l'article de Benoît.

— Voici les *formes* du *Journal des Tribunaux*, dit Lecerf, en apportant un travail de compositeur tout prêt, il n'y a que deux annonces à retrancher à la troisième page. Ce sera juste la dimension de l'article de Benoît.

Cette substition opérée, Pritchard acheva son travail et tira un exemplaire d'un *Journal des Tribunaux*, dont la physionomie sérieuse n'avait pas l'air d'avoir subi la moindre altération.

— Maintenant, dit Lecerf, je me charge du reste. Le facteur de Saint-Mandé passe à neuf heures devant la grille du parc; je retire le vrai journal de la boîte, et je le remplace par le faux.

— Rien de plus simple, dit Pritchard; n'est-ce pas, Benoît ?

—Oui.

— Ma foi, poursuivit Pritchard, les faux imprimeurs ont remplacé les faux monnayeurs. Seulement, notre métier est plus aisé. Je fais une remarque assez juste. Toutes les fois qu'une institution meurt de vétusté ou d'une autre maladie, elle trouve son équivalente au bout d'un certain temps. Les mêmes races d'hommes, les mêmes facultés d'intelligence, les mêmes organisations se perpétuent de siècle siècle, sous d'autres noms, et les mêmes choses se font avec d'autres moyens.

Aujourd'hui, par exemple, Cartouche ne pourrait exercer son métier de chef de troupe pendant vingt-quatre heures. Il y a trop de sergents de ville, de gardes municipaux et nationaux, d'agents de police, de gaz hydrogène. Cependant, si Cartouche vivait, il faudrait bien qu'il vécût. Ses facultés puissantes trouveraient une profession en harmonie avec les servitudes contemporaines. Disons mieux, Cartouche existe, c'est incontestable : il tient peut-être un rang distingué dans Paris, il jouit d'une fortune laborieusement acquise par des moyens honnêtes en apparence. Ce Cartouche moderne a compris qu'il serait imprudent aujourd'hui de rosser le guet sur le Pont-Neuf, et de couper des bourses pendant la messe à Notre-Dame. Aussi fait-il autre chose, et il vit en paix avec le Code pénal.

Ce raisonnement magistral fut accueilli avec faveur par Lecerf et Benoît. Le trio mystérieux, éclairé par la lanterne et la lampe, s'achemina lentement à travers les salles funèbres et les galeries interminables, vers un escalier à spirale dont les marches étaient presque détruites par l'infiltration des eaux. Après avoir monté les deux tiers de ces marches, Lecerf s'arrêta et diminuant la moitié de sa taille en formant un angle avec son corps, il pénétra dans une galerie fraîchement ouverte, au bout de laquelle se déroulait un petit escalier grossièrement taillé dans l'argile. Lecerf souleva une trappe avec sa tête, et regardant de tous les côtés, il dit à ses compagnons : *Je ne vois que le soleil qui poudroie et l'herbe qui verdoie.* Presque au même instant, les trois hommes revirent la lumière du jour dans le voisinage de la tour de l'Observatoire et du Panthéon.

II.

UNE SOIRÉE BOURGEOISE.

Lorsque le romancier se fait historien, c'est-à-dire, lorsque le mensonge se fait vérité, il y a des convenances qu'il faut subir; ainsi, les noms véritables et les domiciles réels de certains personnages, des femmes surtout, doivent être soigneusement dissimulés sous d'officieux pseudonymes, de nébuleuses étoiles où d'équivoques numéros. La maison de campagne où nous allons entrer appartient réellement au cadastre de Saint-Mandé ; mais nous nous bornerons à cette indication vague, et nous prévenons aussi nos lecteurs que le nom de Célestine Desglajeux a subi une altération considérable sous la plume du romancier-historien.

Madame Célestine Desglajeux a toutes les conditions que peut désirer une femme pour adoucir les ennuis d'un veuvage dépouillé du deuil : elle a vingt-six ans ; elle a le teint frais et suave, une figure charmante, des yeux d'iris, des lèvres savoureuses, des cheveux blonds et ondés, les apparences d'une santé calme, un corps bien sculpté, se prêtant à toutes les fantaisies de la mode ; une grâce exquise dans le maintien, le geste, la tournure, les mouvements : une de ces femmes qui font retourner tous les regards, lorsqu'elles passent, à pied, sur le boulevard Italien, sous les premières feuilles des arbres, au premier sourire du printemps.

Sa maison de campagne à Saint-Mandé était un vaste jardin où les fleurs remplaçaient les fruits, et ne faisaient pas regretter leur absence. Le pavillon habité par Célestine avait une architecture si gracieuse qu'il trahissait le sexe du propriétaire. On devinait la femme sous ce joli toit arrondi et coiffé de la chevelure flottante d'un catalpa. On entrait, et on retrouvait le même charme pour les yeux dans le choix des meubles, les nuances des tentures, l'arrangement des fleurs, l'éclat velouté du jour.

L'heure de réception était fixée à neuf heures ; mais il y a des invités dont la montre avance toujours lorsqu'il s'agit de se rendre chez une jolie femme. Donc, avant l'heure officielle, un jeune homme se faisait annoncer dans le salon de madame Desglajeux.

C'était M. l'avocat Benoît. Il entra d'un air respectueux, et fit un salut qui n'aurait pas été plus grave si le salon eût été peuplé de visiteurs.

Un jeune homme qui entre ainsi chez une jeune et jolie femme, isolée dans son salon, donne une haute idée de la noblesse de son caractère et de l'excellence de son éducation, surtout si la conversation qui s'engage après reste aussi dans les limites extrêmes du respect. En général, ce n'est pas de la sorte que les hommes agissent en pareille situation, et ils ne manquent jamais de risquer à tout hasard une déclaration d'amour, espèce de circulaire tenue en réserve, où rien ne change, excepté le nom de la veuve et la nuance de ses cheveux.

Aussi l'avocat Benoît, qui d'ailleurs avait de bonnes raisons pour ne pas agir ainsi, était-il en haute confiance dans l'estime de madame Desglajeux. Après deux ans de veuvage, une jolie femme peut se vanter de mieux connaître les hommes que le moraliste le plus renommé de Rome, d'Athènes et de Paris. Malheureusement, cette fois, Célestine se trompait, exception qui ne prouve rien contre la valeur générale de ce système féminin.

L'avocat se posa contre l'angle de la cheminée et parla d'une belle manœuvre d'artillerie à laquelle il venait d'assister sur la pelouse de Vincennes.

— Nous avons, disait-il, la première artillerie du monde, cela soit dit sans exagération d'amour-propre national. Une guerre serait aujourd'hui terminée promptement. Ce serait une affaire d'artilleurs et de tir. Nous aurions pour cibles des Autrichiens ou des Russes, et à quatre cents toises, ils seraient abattus jusqu'au dernier, comme des *blancs* de polygone. Voilà ce qui rend une guerre impossible. Toute l'Europe connaît nos artilleurs.

Comme il parlait, on annonça M. Rousselin. L'avocat se tut et salua d'un air froidement poli le nouveau personnage qui arrivait. M. Rousselin rendit le même salut, et s'assit dans un fauteuil que la main de Célestine lui désignait.

— Que nous apportez-vous de nouveau, monsieur Rousselin? demanda la jeune femme.

— Ma foi, pas grand'chose, madame; je ne suis plus dans les affaires, grâce à Dieu; je ne fréquente plus la Bourse ni le foyer de l'Opéra; je ne sais donc rien de ce qui se fait et de ce qui se dit.

— Au reste, dit l'avocat, nous vivons dans un calme plat. La politique même chôme. Les journaux sont d'une stérilité rare. Un instant, l'affaire Pritchard a donné un peu d'éveil à la torpeur publique, et ensuite nous nous sommes tous endormis de nouveau.

— Est-ce un bien? est-ce un mal? demanda Célestine.

— C'est un mal, dit l'avocat; du moins à mon point de vue. La politique est la vie d'une nation.

— Ou sa mort, remarqua Rousselin.

— Monsieur, poursuivit l'avocat, votre opinion et la mienne peuvent se défendre avec un égal succès; mais je tiens à la mienne.

— Comme moi, dit Rousselin.

— C'est chose curieuse et digne de remarque, continua l'avocat, que l'étrangeté de l'époque où nous vivons. Paris et la province ne se passionnent plus que pour un roman de Dumas, de Sue, de Balzac; un simple feuilleton, rempli d'intrigues frivoles, agite la société française. Les plus hautes questions de la politique sont abandonnées; on ne lit plus un premier-Paris; on se refuse à prendre une nourriture substantielle; mais on dévore un feuilleton romanesque ; on néglige le dîner pour le dessert.

— Mais il me semble que le dessert a son mérite, dit la jeune femme en riant.

— Oui, mais il ne nourrit pas, et il affaiblirait les constitutions qui ne mangeraient pas autre chose... Je sais, madame, que je contrarie vos goûts, en parlant ainsi, mais je ne dissimule jamais une de mes opinions, même par galanterie. Que les femmes lisent des romans, je le veux bien ; mais les hommes, les hommes doivent tenir à distance ces frivolités du jour, et...

Un domestique annonça M. Lecerf, et madame Desglajeux, étendant la main avec vivacité vers l'avocat, lui fit signe de se taire.

— Ne parlez pas ainsi devant M. Lecerf, dit-elle à voix basse, c'est un romancier.

M. Lecerf entra au même instant, et s'inclinant devant la maîtresse de la maison, il donna deux saluts imperceptibles et presque impolis aux deux hommes arrivés avant lui chez madame Desglajeux.

La jeune veuve fit asseoir M. Lecerf sur une causeuse, à côté d'elle, et lui dit :

— Eh bien ! monsieur, aurons-nous de vous bientôt un feuilleton ?

— Je corrige en ce moment les épreuves d'une nouvelle, répondit Lecerf en portant sa main à la poche latérale de son habit.

— Comment ! dit Célestine d'un air joyeux, vous avez votre nouvelle sur vous ?

— Oui, madame, j'ai les épreuves.

— Mais vous nous la lirez, monsieur, vous nous la lirez ?

— Madame, si cela peut vous donner la moindre satisfaction...

— En doutez-vous ? Ce sera l'événement de ma petite soirée. Qu'en pensent ces messieurs ?

— Madame, dit l'avocat d'un ton légèrement dédaigneux, les hommes de ma profession peuvent très-bien se passer de fables amusantes ; nous vivons, nous avocats, au milieu de l'histoire, et quelle histoire, bon Dieu ! L'histoire humaine avec ses plaies, ses angoisses, ses fourberies, ses vices, ses crimes. La police correctionnelle et la cour d'assises sont les véritables archives du cœur humain.

— Cela est vrai, dit Rousselin.

— L'autre jour encore, poursuivit l'avocat, n'avons-nous pas assisté aux débats les plus émouvants, l'affaire Catherine Desmuirons ?

— Ah ! oui, dit Célestine en joignant les mains, j'ai lu cette affaire, ce matin, dans mon journal.

— Mais, madame, ajouta l'avocat, les journaux n'ont pas tout dit. Les journaux sont tenus à une grande circonspection dans ces sortes d'affaires. Il faut avoir assisté aux débats pour se faire une idée juste de celle-ci...

— Monsieur l'avocat, interrompit la jeune femme, je suis toute prête à me ranger à votre avis, car je n'ai pas bien compris le dénoûment de cette affaire...

— Il n'y a pas eu de dénoûment, madame. Lazare Grevin a été acquitté; voilà tout.

— Était-il coupable, monsieur l'avocat ?

— A mon avis, Lazare Grevin était coupable ; rien n'était plus évident que son crime, et le tribunal de police correctionnelle aurait dû se déclarer incompétent. L'affaire revenait de droit à la cour d'assises.

— Monsieur l'avocat, je vous comprends moins encore depuis votre explication. Excusez une femme qui n'a aucune idée de la justice humaine. Vous dites que Lazare Grevin était justiciable de la cour d'assises, et il a été acquitté en police correctionnelle.

— Madame, il a été acquitté faute de preuves suffisantes.

— Il n'y avait pas de témoins ?

— Non, madame, ordinairement ces

sortes de crimes s'accomplissent sans témoins.

— Et madame Catherine Desmuirons, qui venait se plaindre d'une violence criminelle, a donc été renvoyée sous la honte d'avoir porté une fausse accusation contre Lazare Grevin?

— C'est aller trop loin, madame.

— Mais, monsieur, cela ressort avec évidence du dénoûment de ce procès.

— La justice, madame, ne pouvait faire que ce qu'elle a fait. Elle n'a donné à la plaignante ni tort, ni raison ; elle l'a renvoyée chez elle, en la condamnant aux dépens.

— Ah ! elle a payé?

— On paie toujours en justice, madame.

— Et votre opinion personnelle, à vous,

monsieur, est pour la culpabilité de Lazare Grevin?

— Mon opinion et l'opinion de tous les assistants étaient contraires à l'accusé. Mais toutes les opinions du monde ne suffisent pas, il faut des preuves. Il y a dans ces affaires une conviction morale qu'on se donne, en voyant les figures, les gestes, les mouvements des acteurs, en entendant leurs voix, leurs intonations, leurs plaintes. Ainsi, par exemple, à ce procès, Lazare Grevin nous a présenté à tous un visage, un regard, un teint, qui ressemblaient à son crime d'une manière effrayante, tandis qu'à son côté, Catherine Desmuirons se conciliait toutes les sympathies par la candeur de sa figure et la vérité de ses accents.

— Ce qui n'a pas empêché, monsieur,

ainsi que le dit mon journal, ce qui n'a pas empêché l'avocat de Lazare Grevin de faire des allusions blessantes à la vie antérieure de madame Desmuirons.

— Oh ! cela était inévitable, dit l'avocat avec un flegme superbe.

— Comment, monsieur ! s'écria Célestine, en se levant avec vivacité, cela est inévitable ! Voilà une pauvre femme qui vient se plaindre d'un attentat infâme, et l'avocat de l'accusé... oh ! l'expression me manque pour flétrir la conduite de cet avocat.

— Mais, madame, c'est l'histoire d'une foule de procès. Notez bien que je flétris moi-même avec énergie cette vieille habitude des plaidoyers, mais je constate un fait acquis et passé dans les mœurs.

— Elles sont belles, ces mœurs !

— Avant tout, madame, un avocat songe à défendre son client.

— Qu'il le défende par des moyens honnêtes.

— Ici, madame, comme toujours, en ces sortes de procès, l'avocat voit une femme qu'il ne connaît pas ; mais usant de ces préceptes de morale relâchée qu'on trouve chez les auteurs comiques et les romans sérieux, il suppose que cette femme n'a pas toujours suivi, sans broncher, le sentier de la vertu ; et partant de ce principe, il ne précise rien, mais il reste dans le vague des allusions nébuleuses, pour faire rentrer cette femme en elle-même, et l'épouvanter par la subtile menace d'une révélation.

— Voilà, monsieur, une indigne tactique !

— Oh! je suis loin, madame, de la louer; encore une fois, je me borne à constater un fait commun.

— Mais, monsieur, si cette femme n'avait rien à se reprocher dans sa vie antérieure, et si elle s'écriait : Eh bien! sortez de votre vague et de vos brumes; précisez, révélez, je ne crains rien, que répondrait l'avocat?

— Madame, un avocat répond toujours.

— Eh bien! voyons, monsieur, que répondrait-il ?

— Il ferait la plus foudroyante de toutes les réponses...

— Laquelle ?

— Il ne répondrait pas. Il aurait recours à une pantomime claire; il prendrait une pose pleine de dignité, et étendant la main vers la femme, il s'écrierait après un moment de silence : *Mais ne nous arrêtons point sur cet incident puéril et poursuivons* !

— Et c'est ainsi qu'il se tirerait d'affaire ?

— Pas autrement, madame.

— Ainsi, monsieur, la femme isolée qui reçoit une insulte horrible, sans témoins, court encore cette nouvelle chance devant un tribunal ?

— Ce n'est pas inévitable, madame, mais cela peut fort bien lui arriver. Mais permettez-moi d'aller plus loin. J'admets que la plaignante soit respectée, comme elle doit l'être, et qu'aucune voix ne s'élève pour changer son rôle d'accusatrice en rôle d'accusée : croyez-vous qu'elle soit aisément tolérable, la position d'une femme qui vient demander justice pour un pareil affront, devant un public gravement railleur, qui ne s'indigne qu'à la surface, et qui, au fond, savoure une fiévreuse curiosité?

— Oui, oui, monsieur, interrompit Célestine d'une voix fortement accentuée, voilà ce que vous avez dit de mieux ! Ce rôle est impossible pour une femme ! Il y a de quoi mourir de honte et de confusion !

— Avec ce système, dit Lecerf, tous ces infâmes attentats resteraient impunis ? quelle prime d'encouragement vous donnez aux criminels !

— Jeune homme, dit l'avocat, madame Desglajeux a malheureusement envisagé cette question sous son véritable point de vue. Il n'y a qu'une femme qui puisse être juge de ces choses. Tenez, je vais, sans nommer personne, vous citer un fait qui m'est personnel... L'an dernier... au mois de... juin... le 25 ou le 26... une jeune femme... vous savez que nous autres avocats nous sommes des espèces de confesseurs... une jeune femme, qui se trouvait dans la même position que madame Desmuirons, vint dans mon cabinet, place Dauphine, pour me demander un conseil. Je lui dis : Madame, je n'ai point de conseil à vous donner ; permettez-moi seulement de vous éclairer sur les débats que va soulever votre affaire ; et tout de suite je lui traçai un tableau vrai du drame scandaleux dont elle devait être l'héroïne. Maintenant, ajoutai-je, c'est à vous, madame, à vous donner votre conseil...

— Que fit-elle? interrompit vivement madame Desglajeux.

— Elle recula devant le procès; elle ensevelit sa plainte dans un secret absolu.

— Cela ne m'étonne point, dit Célestine avec feu, elle a pris le seul et bon parti.

— Vraiment, dit Rousselin avec un sourire de bonhomie, je vous écoute depuis une demi-heure, et je crois rêver! Quoi! monsieur l'avocat, vous avez conseillé à une femme de laisser un crime impuni?

— Je ne l'ai pas conseillée, monsieur.

— Oh! reprit Rousselin, ne jouons pas sur les mots; je ne suis pas avocat, moi. Vous n'avez pas donné directement ce conseil, mais indirectement, c'est la même chose.

— Non pas, certes, monsieur; ces affaires sont très-délicates, et je n'en prendrai jamais la responsabilité. On a vu quelquefois de pauvres femmes sortir d'un tribunal, après des débats dont elles n'avaient pas mesuré le scandale, et traverser une foule avide, en voilant leur visage, en étouffant leurs sanglots, comme si elles eussent été solidaires du crime que la justice venait de frapper. Quant au criminel, il était presque triomphant, lui; et il se livrait à l'admiration des spectateurs, comme le héros fortuné d'une intrigue d'amour.

— Oui, c'est cela ! dit la jeune femme en battant des mains. Oh ! comme ce tableau est vrai ! Je crois le voir ! Qu'en pensez-vous, monsieur Lecerf?

— Madame, répondit Lecerf en s'inclinant comme un homme rallié, je conviens que cette question demandait à être approfondie, et les éclaircissements que monsieur a bien voulu nous donner ont ébranlé ma première conviction.

— Il faut avouer pourtant, dit Rousselin, qu'il sera toujours difficile d'admettre que, pour de certains crimes, l'impunité est une nésessité...

— Une nécessité malheureuse, ajouta madame Desglajeux.

Rousselin baissa la tête, ferma les yeux et arrondit ses bras en signe d'adhésion.

— Je suis bien persuadée, poursuivit la jeune femme, que monsieur Lecerf tirera parti de cette discussion dans quelque roman futur.

— Moi, madame, dit Lecerf d'un ton modeste, j'évite au contraire dans mes écrits tous les sujets trop violents.

— Très-bien! très-bien! remarqua Rousselin.

— Je traite de préférence une série de tableaux sur le dix-huitième siècle, poursuivit Lecerf, curieux par le caractère original des mœurs et des personnages.

— Mœurs un peu lestes, dit l'avocat.

— Sans doute, monsieur, mais colorées d'un certain vernis spirituel qui ressemble à une excuse. Il faut une touche de pinceau très-délicate pour dessiner au pastel les portraits de ce dix-huitième siècle, et je n'ose jamais espérer de réussir.

— Nous osons l'espérer pour vous, monsieur, dit la jeune femme; vous employez noblement vos loisirs, et le succès ne vous manquera pas.

— Madame, dit Lecerf avec une grâce charmante, nous sommes dans le siècle du travail, et la jeunesse n'est pas une excuse pour l'oisiveté. Mes goûts d'ailleurs m'entraînent naturellement vers l'étude, et je me délasse de quelques travaux sérieux en écrivant de ces choses légères, comme les demande la mode frivole du jour. Il est vrai qu'on ne trouvera dans mes écrits ni drame violent, ni action ténébreuse, ni tableaux lugubres, ni sanglantes péripéties, ni caractères surhumains; mon organisation est répulsive à ce genre de peinture trop romanesque; et s'il m'était permis de choisir ma place dans l'art, j'aimerais mieux être le calme Watteau que le fougueux Salvator Rosa.

— Très-bien ! monsieur Lecerf, dit Célestine avec une satisfaction évidente ; je vous félicite sur votre bon goût, et je vous engage à persister dans cette voie. Ainsi nous aurons une page de Watteau ce soir, au milieu d'une histoire d'Anne Radcliffe.

— Madame, vous verrez. Si j'obtiens votre approbation, ce sera pour moi d'un très-bon augure la veille de ma publication.

En ce moment, deux familles campagnardes de Saint-Mandé, voisines de madame Desglajeux, envahirent le salon avant l'annonce, et brisèrent cet entretien pour le remplacer par les banalités qu'on échange aux bougies, et qu'on appelle les charmes de la conservation. Un peu après, de nouveaux invités arrivèrent, et la soirée prit la physionomie de toutes les soirées. On chanta des romances, on fonda un whist, on servit des rafraîchissements, et la maîtresse de la maison, tout en s'acquittant de ses devoirs, disait de temps en

temps à l'oreille de l'avocat et de Lecerf:
Tout cela ne vaut pas notre conversation
de tout-à-l'heure, n'est-ce pas?

L'avocat et Lecerf répondaient par un
signe modeste, et affectaient de poursuivre une conversation grave, entamée loin
du bruit, dans un angle du salon.

Rousselin avait accepté une carte de la
main de madame Desglajeux, et s'était
posé comme quatrième statue à une table
de whist, où il se plaignait de l'absence des
atouts. Lorsque Célestine, qui avait une
parole pour tout le monde, lui disait en
passant :

— Eh bien ! monsieur Rousselin, faites-vous de bonnes affaires?

M. Rousselin la retenait négligemment
par le bras, et lui contait sur un ton la-

mentable quelque malheur dans le genre de celui-ci :

— Figurez-vous, madame, que nous venons de perdre le *trick*, avec les quatre *d'honneurs,* l'as de carreau, et cinq trèfles par roi et dame !

Et Rousselin donnait un léger coup de poing sur le tapis vert, comme s'il eût été accablé par un pareil malheur ; mais son regard, s'élevant au-dessus de ses cartes en éventail, suivait ensuite, dans le salon, les mouvements de la jeune femme, qui ne se doutait pas qu'une passion terrible l'accompagnait partout, au milieu de ce petit cercle d'amis si calme et si bourgeois.

Célestine, qui avait le goût des choses sérieuses, éprouvait quelquefois de violents désirs d'écouter en passant des lambeaux de phrases du grave entretien de l'avocat et de Lecerf, et ces deux hommes étaient trop adroits pour se laisser prendre en défaut; quand ils voyaient Célestine s'approcher d'eux, ils avaient des phrases toutes prêtes pour jeter à son oreille curieuse ; Célestine entendait les mots de question d'Orient, de Montevideo, de colonisation agricole, de colosse du Nord, et elle regrettait bien de ne pouvoir suivre jusqu'au bout tant de lumineuses dissertations.

Enfin, l'heure de la lecture sonna ; tout fut suspendu. Rousselin demanda inutilement la permission de faire encore quelques *robs* pour se refaire ; car, disait-il, je perds quarante fiches, et la lecture de ce monsieur ne me les rendra pas. Célestine fut sourde à cette réclamation de joueur, et désigna au jeune lecteur un fauteuil au milieu du salon.

On fit cercle autour de Lecerf, et toutes les naïves figures s'épanouirent de joie, quand le papier se déroula, en laissant flotter trois agrafes de ruban rose qui attestaient le soin conscencieux de l'écrivain.

Lecerf toussa légèrement, rejeta sur le sommet de sa tête une boucle de cheveux trop vagabonds, et il allait commencer sa lecture, lorsqu'une discussion s'engagea entre Rousselin et son partner sur un coup du dernier *rob*.

— Oui, monsieur, disait Rousselin avec une irritation admirablement jouée, oui, vous avez eu tort de jouer votre *singleton*, et c'est ce qui nous a fait perdre le *trick;* je vous ai donné une *invite* superbe, le deux de cœur, et vous ne m'avez pas répondu...

Lecerf regarda madame Desglajeux,

d'un air très-significatif, et la jeune femme réclama le silence, en se tournant vers la table de whist.

M. Rousselin se tut, mais de fort mauvaise grâce, et Lecerf commença.

III.

NÉE POUR TOUS LES SCEPTRES.

Voici le feuilleton lu par Lecerf :
« Dans un hôtel du quai des Théâtins, il y avait, en ce temps, un salon meublé, tapissé, décoré au goût du siècle, mais avec une si capricieuse élégance, une si

rare fantaisie, qu'il trahissait, au premier coup d'œil du visiteur, le sexe, l'âge, la profession, le caractère de l'artiste qui en avait fait un temple ou un olympe; c'était en pleine mythologie de 1743.

On y débattait, en ce moment, une question qui, par son importance, rappelait aux Parisiens celle qu'on venait d'agiter au traité de paix de Vienne, et qui assurait à la France la possession du territoire lorrain.

Mademoiselle Leyris de Latude, inconnue sous ce titre, et illustre sous le nom vulgaire de Clairon, présidait un petit cénacle d'intimes appelés à ces graves débats.

Un jeune homme, qui était page de la musique de la chambre du roi, et qui se nommait Morizot, disait à mademoiselle

Clairon : — Rappelez-vous, mademoiselle, le succès que vous avez obtenu à Rouen dans le ballet de la *Curiosité*, du révérend père jésuite la Sante.

— Franchement, ce fut un beau succès, dit la jeune artiste en ramassant du bout du pied une mule verte qui s'était échappée des franges d'une robe à larges fleurs.

— Ce succès fut un triomphe, ajouta Morizot : vous aviez une robe qui était bien celle de la déesse Curiosité, une robe semée d'yeux sans nombre, comme la queue d'un paon. Vous dansâtes comme Terpsychore, et peut-être mieux, car la danse a fait des progrès énormes depuis son invention, et Terpsychore ne brillerait pas à côté de vous dans un menuet...

— Ah! monsieur de Morizot, parlez des déesses avec plus de respect, — dit une voix de basse qui s'éteignit dans les cordes graves, comme le dernier soupir de l'orgue.

Celui qui rappelait ainsi Morizot au respect des déesses, était le baron Desmahis, colonel d'un régiment de dragons, *guerrier de haute futaie,* comme disait le général de Saxe ; espèce de Goliath à épaulettes, suant la vigueur par toutes les coutures de l'uniforme, et tournant, avec une fierté dédaigneuse, sur le pivot de son cou, une tête de lion poudrée et deux petits yeux de tison.

— Dieu me garde de mal parler des déesses ! — dit Morizot ; mais probablement le colonel n'a pas vu danser mademoiselle Clairon dans le ballet du révérend père de la Sante.

— Si fait, je l'ai vue, affirma le colonel, en frappant le bronze de sa cuisse avec l'acier de ses mains ; j'étais à Rouen.

— Et le colonel, dit Clairon en riant, m'envoya le lendemain un quatrain délicieux, qui a figuré au *Mercure de France.*

Le colonel s'inclina.

— Je n'ai pas lu le quatrain du colonel, dit Morizot.

— Parbleu ! on le voit bien, monsieur, que vous ne l'avez pas lu ! dit le colonel ; car si vous l'aviez lu, vous seriez resté, comme moi, dans la vérité galante, sans courir après une exagération sacrilége...

— Voyons ! dit Clairon en se renversant sur sa bergère, colonel, dites votre quatrain à M. Morizot.

— Puisque vous le permettez, continua le colonel en rougissant; le voici...

>Agile et charmante Clairon,
>Talent qui brille à son aurore,
>Demain tu changeras de nom;
>On t'apellera Terpsychore.

— Très-bien ! très-bien ! dit le cénacle en chœur.

Le colonel remercia par un sourire enfantin, et tirant de la basque de son uniforme un pan de tapisserie, il se mit au travail.

— Ainsi, monsieur Morizot, dit Clairon, vous me conseillez de faire mes débuts à l'Opéra, dans un ballet?

— C'est mon avis, répondit le page.

— A vous parler franc, continua Clairon, votre avis ne serait pas éloigné d'être le mien. J'adore la danse; je sens que je suis née pour danser. Quelle séduisante vie! avoir toujours des ailes comme Flore, Zéphyre, Cupidon; raser la terre du bout des pieds; bondir et voler dans le tourbillon des applaudissements; être plus que femme, être déesse, oh! la danse! la danse! je sens que mes pieds ne demandent que cela!

— Et que vous demande votre esprit? dit un jeune et brillant seigneur dont les manchettes s'agitèrent comme deux ailes de colombe pour accompagner sa question.

— Ah! j'attendais cela, monsieur de Valbelle, dit Clairon en ouvrant son éventail; oui, mon esprit me demande autre chose.

— Et vous aimez mieux, dit Valbelle, écouter vos pieds que votre esprit?

— Je flotte, ajouta Clairon.

— Prenez garde, reprit Valbelle; vous parlez encore comme une danseuse. Il ne faut pas flotter, mais prendre enfin un parti décisif.

— Certainement, dit Clairon, et c'est pour cela que j'ai assemblé chez moi mes meilleurs conseillers.

—Alors, dit Valbelle, ne nous influencez point. Est-ce votre faute, mademoiselle Clairon, si la nature vous a donné tous les talents? Résignez-vous au malheur de faire un choix. Vous êtes très-jeune, vous avez vingt ans à peine, mais vous connaissez déjà le public français...

— Oh! oui, je le connais bien! interrompit Clairon, en rejetant sa jolie tête en arrière.

— Le public français, poursuivit de

Valbelle, a la prétention de classer un artiste dans un emploi quelconque, et de l'incarcérer dans cet emploi : il ne vous permettra jamais d'être à la fois danseuse et chanteuse, quand même vous auriez dans votre voix toute la grâce et l'agilité de vos pieds divins. Notre public est avare dans ses récompenses : il n'a permis qu'une fois à Corneille et à Racine de faire une comédie ; il n'aurait jamais permis une tragédie à Molière, et je ne vois pas pourquoi Molière n'aurait pas su faire sa tragédie tout comme un autre de nos jours. Regardons M. de Voltaire ; le public l'a classé depuis *OEdipe* parmi les auteurs tragiques ; et lorsque cet écrivain si gai veut hasarder une comédie, on la lui siffle bel et bien. Même châtiment tombe sur les oreilles de M. Piron, quand il met le pied dans le cothurne de Melpomène. Personne ne veut prendre M. Piron au sérieux depuis une certaine ode qui n'est pas tragique du tout.

— Justement, M. Piron me conseillait hier de continuer mes débuts à la Comédie-Française, dans les soubrettes...

— Palsambleu! je suis de l'avis de M. Piron, moi! dit un homme frais et gros, tout pailleté d'or et d'argent.

C'était le financier Michel Sainsons, le confident et l'ami de l'abbé Terray.

— Vous avez eu, dans *Dorine*, un succès qui doit déterminer votre vocation, pousuivit le financier ; vous êtes née pour être soubrette. Votre taille, vos yeux, vos gestes, votre esprit, votre figure espiègle et charmante, tout, chez vous, appartient à l'emploi des soubrettes, et j'ai noté sur mes tablettes d'un point d'or la date du 19 septembre 1743...

— Oui, dit Clairon en riant, j'ai débuté, dans les soubrettes, ce jour-là ; mais je ne puis me résigner à servir de doublure à mademoiselle Dangeville.

— Mais parbleu ! — s'écria le financier en frappant le parquet du bout de sa canne, ce sera Dangeville qui doublera Clairon !

— C'est comme si vous disiez que l'abbé Terray doublera Sainsons, riposta vivement la jeune artiste ; il y a des chefs d'emploi qui ne se laissent pas détrôner ainsi, et le public les soutient. Le public est engoué de mademoiselle Dangeville, et par la grâce du public, elle restera reine des soubrettes jusqu'à sa mort... et puis, à vous parler franchement, je n'aime pas l'emploi des soubrettes.

— Un superbe emploi pourtant, dit le financier.

— Soit, mais je le laisse à mademoiselle Dangeville.

— Comme vous avez laissé l'emploi de grande chanteuse à mademoiselle Lemaure, dit Morizot.

— Oui, justement, reprit Clairon.

— Cependant, remarqua de Valbelle, vous avez eu un bien beau triomphe dans l'opéra d'*Atis*, et mademoiselle Lemaure n'a pas brillé ce soir-là.

— J'avoue, dit Clairon, que j'aurais du goût pour l'Opéra.

— On en aurait à moins, dit le colonel. Jamais on n'a entendu à l'Opéra une plus belle voix que la vôtre. J'aime passionnément *Atis*, moi ; c'est le dernier mot de la musique ; *Atis* ne sera pas dépassé. Connaissez-vous un air plus beau que celui-ci :

Quand on aime bien tendrement,

et cet autre encore !

Espoir si cher et si doux !...

Je chante comme un dragon enroué, moi, mais qu'importe ! cela me va au cœur.

— Comment ! dit Clairon en riant aux éclats, vous chantez fort bien, colonel. Peut-être vous chevrotez beaucoup trop ; mais c'est la mode à l'Opéra.

— Et probablement c'est ce qui vous éloigne de l'Opéra, mademoiselle Clairon ? demanda Valbelle.

— Cela pourrait bienêtre, reprit l'actrice : vraiment je ne comprends point de cette manière l'art de chanter.

— La manière du colonel ? dit Valbelle d'un ton d'ironie.

— Marquis de Valbelle, dit le colonel, nous ne sommes pas rassemblés pour faire de l'esprit.

— Je m'en aperçois bien, remarqua le jeune seigneur.

— Voyons, voyons, dit le financier en agitant sa canne, ne perdons point un temps utile. Tout Paris attend mademoiselle Clairon. Résumons-nous.

— Oui, résumons-nous, dirent plusieurs voix.

— Nous ne voulons être, poursuivit le financier, ni danseuse, ni soubrette, ni chanteuse, c'est bien convenu.

— C'est bien convenu, dit Clairon.

— Il nous reste la tragédie à débattre, continua le financier.

— Veuillez bien noter, observa de Valbelle, que si la tragédie est rejetée, il ne reste plus aucune ressource à mademoiselle Clairon ; elle sera obligée de quitter le théâtre pour expier le malheur d'avoir eu quatre fois trop de talent.

— Le talent ne suffit point pour la tragédie, remarqua brusquement le colonel, il faut encore avoir le physique de l'emploi ; c'est comme dans les dragons.

— Plaisantez-vous, colonel ? dit de Valbelle ; on dirait que vous n'avez jamais vu mademoiselle Clairon lorsqu'elle déclame une belle tirade tragique.

— Oui, parbleu ! dit le colonel, je l'ai vue cent fois ; elle est superbe ; mais s'il faut exprimer toute ma pensée, mademoiselle Clairon, quoique très-supérieure à mademoiselle Dumesnil, ne sera reçue que comme doublure. La Dumesnil est l'idole du public; Melpomène en personne ne la détrônerait pas.

— Messieurs, dit Clairon, j'ai fait quelques nouvelles études dans la tragédie, et sur le talent de mademoiselle Dumesnil. Il y a chez elle beaucoup d'art, mais la nature est absente. Si je viens me placer à côté de mademoiselle Dumesnil, je lui laisserai l'art, et je garderai la nature. Chacune de nous aura son public. Les connaisseurs vrais seront pour moi.

— Mais y a-t-il des connaisseurs vrais? demanda le colonel.

— Il y en aura, dit Valbelle.

— Décidément, dit Clairon, j'adopte

la tragédie, pour la jouer au naturel, comme tout doit se jouer... Marquis de Valbelle, comptez-vous aller à Versailles demain?

— Non, mademoiselle, mais je vais y aller ce soir, pour devancer vos désirs. Je verrai le premier genthilhomme, et je vous rapporterai un ordre de début.

— Très-bien, marquis.

— Dans quel rôle voulez-vous débuter, mademoiselle?

— Oh! dans un rôle nouveau, pour éviter les comparaisons; elles sont toujours au désavantage de la dernière venue. Au foyer de la Comédie-Française, il y a toujours un brelan carré de vieillards qui s'imaginent avoir vécu avec toutes les tragédiennes, et qui attendent une débutante pour lui jeter à la tête les gammes des vieilles traditions déclamatoires. Je débuterai dans *Régulus* pour attraper tous ces Nestors de la tragédie, et les rendre muets sur le chapitre des traditions.

— Ainsi, mademoiselle, dit le colonel en se levant, vous nous avez tous convoqués pour nous demander notre avis, et c'est le vôtre que vous suivez ?

— Cela vous étonne, colonel ? dit Clairon en pirouettant sur la pointe du pied ; j'ai fait ce que fait le roi, quand il convoque ses ministres, et ce que vous faites, colonel, quand vous convoquez vos officiers... Marquis de Valbelle, j'attends mon ordre de début.

Les quatre conseillers intimes s'inclinèrent, et chacun d'eux déployait une grande habileté statégique pour laisser partir les trois autres et rester le dernier sur le terrain du tête-à-tête.

La manœuvre se prolongeant trop, mademoiselle Clairon la dénoua brusquement par ces mots :

— Marquis de Valbelle, je vous prie de me donner encore cinq minutes, après le départ de ces messieurs, pour m'aider à régler les clauses secrètes de votre ambassade à Versailles.

Valbelle n'avait pas encore assez vécu pour connaître l'art de dissimuler un mouvement de joie ; sa figure s'illumina de rayons, et sa bouche, qui s'était ouverte pour répondre, se ferma sans avoir rien dit.

Le colonel, le financier et le page-musicien sortirent comme trois amoureux maussades qui prennent leur temps dans l'antichambre pour ne pas se rencontrer sur l'escalier.

— En vérité, mon cher marquis, je vous trouve bien gauche pour un homme du monde, dit Clairon en désignant un fauteuil à Valbelle.

Le jeune seigneur regarda l'actrice avec des yeux qui avaient perdu leur esprit.

— Comment! poursuivit Clairon, vous allez à la cour, et vous ne savez pas vous composer un visage dans l'occasion! une autre fois, je ne vous retiendrai plus. Vous prenez tout de suite la pose villageoise du *ravi* de la Comédie-Italienne. Que voulez-vous que pensent les gens?

— Ils penseront que je vous aime, dit Valbelle.

— Non! ils iront plus loin.

— Eh bien! laissons-les marcher.

— Ah ! marquis de Valbelle ! c'est une parole de votre cœur que j'attendais, et non un mot de votre esprit.

— Clairon, pardonnez-moi.

— Bon ! j'aime mieux ces trois mots. Ils sont vulgaires, tout le monde les a dits, mais vous les avez ennoblis et rajeunis par l'expression de l'organe et du regard... Maintenant, que dites-vous de ma détermination ? Parlez-moi avec franchise, car je vous connais, mon jeune marquis : vous venez de jouer la comédie devant ces messieurs.

— Oh ! vous m'avez parfaitement observé, interrompit Valbelle ; je me suis mêlé à tous ces débats pour vous plaire ; mais, au fond, je mentais avec une effronterie qui me fait peu d'honneur.

— Vous désapprouvez donc mon début dans la tragédie ?

— Clairon, je suis prêt à désapprouver tous vos débuts. Il y a quatre actrices diverses dans vous. Eh bien ! je voudrais n'y voir qu'une femme ! votre génie est plus ambitieux que mon amour.

— Mais votre amour est plus exigeant que mon génie, monsieur de Valbelle, et vous ne vous en apercevez pas ! S'il fallait obéir à votre amour, je devrais abandonner le théâtre, vous suivre dans quelque manoir de province, et vivre, comme une bergère de tapisserie, une houlette à la main.

— Non, dit Valbelle en serrant la main de l'actrice ; non, je ne veux pas vous faire ces ennuis. Il y a sous le beau ciel provençal, et au sommet d'une montagne, un château, couvert d'ombre, baigné d'eaux vives, et si charmant que Dieu l'habiterait, s'il descendait du paradis.

Ce château est à vous, parce qu'il est à moi. Belle Clairon, vous ne sauriez comprendre la fièvre d'ironie qui me brûle lorsque je vous vois, le soir, entre deux coulisses huileuses, sur des planches grasses, respirant la fumée de votre gloire derrière une ligne de chandelles de suif, coudoyée par des comparses vineux, mêlée à tous ces mensonges de théâtre, à toutes ces fictions grecques ou romaines, soutenues par des colonnes de carton gluant, et que je songe à la véritable vie de l'amour, la seule digne de vous et de moi, dans mes jardins du Midi, sous les étoiles d'été, sur des gazons de fleurs, auprès des fontaines, au milieu des parfums de la nuit! Oh! je vois passer une larme dans vos yeux, comme un nuage sur le soleil ; mon ironie triomphe de votre caprice, parce qu'elle est irrésistible comme la raison. Vous renoncez au théâtre, au mensonge, à la vie folle, au visage masqué. Ce faux monde n'est pas le vôtre. Venez chanter et vous épanouir à l'air libre, comme l'oiseau et la fleur.

— Marquis de Valbelle, dit l'actrice en se rendant maîtresse de son émotion, je suis encore trop jeune pour me faire ermite. Laissez-moi jouir du bonheur de mes vingt ans; laissez-moi connaître la gloire; laissez-moi attendre un malheur.

De Valbelle posa respectueusement ses lèvres sur la main de Clairon et lui dit :

— Un malheur qu'on attend n'a jamais manqué au rendez-vous. Adieu,

Clairon! Je vais vous obéir ; je pars pour Versailles, et quand j'aurai obtenu votre ordre de début, je traverse Paris comme une grande route, et je vais m'ensevelir dans mon château de Tourves, en Provence. En restant ici, je mourrais tous les jours, je n'ai que le courage de mourir une fois.

— Comment! s'écria Clairon avec une pose et un geste tragiques, vous partez tout de suite! vous n'assisterez pas à mes débuts!

— C'est impossible, Clairon.

— Eh bien! monsieur, j'ai l'orgueil de vous demander l'impossible.

— Votre orgueil sera satisfait, mademoiselle, je ne partirai pas.

— Très-bien! marquis... mais je ne

m'arrête pas là. Mon orgueil est très-ambitieux.

— Vous allez me demander encore de l'impossible?

— Oui, marquis, et je ne vous demanderai jamais autre chose. Vous voyez tout le prix que j'attache à votre amour.

— Commandez, ma déesse.

— Vous allez renoncer à l'Église, et vous redeviendrez le jeune et brillant marquis de Valbelle que j'ai connu dans sa florissante gaîté.

— On s'efforcera...

— Point d'effort, marquis, puisque je ne vous commande que l'impossible.

— Adieu donc...

— Et au revoir bientôt, marquis, je n'aime pas les adieux.

— Au revoir, Phèdre, Hermione, Roxane, Émilie... Mais quand reverrai-je Clairon ?

— Tous les matins.

— J'arriverai de Versailles demain soir.

— Je vous attends.

De Valbelle tint sa promesse; il apporta un ordre de début, et mademoiselle Clairon se révéla quelques jours après, dans la tragédie, avec un succès qui épouvanta les amis de mademoiselle Dumesnil.

Paris, qui a brisé tant de sceptres et s'est toujours incliné devant les reines tragiques, devint fou de joie à la nouvelle du triomphe de mademoiselle Clairon, dans le *Royaume de Melpomène.* Tout le quartier de la Comédie-Française s'illumina, le soir, comme pour la fête du roi. Un seul homme ne se mêla point à l'allégresse générale. De Valbelle partit et choisit pour ermitage son magnifique château de Tourves, où il entretint son amour pendant plus de vingt années, sans revoir mademoiselle Clairon.

Le malheur prévu arriva enfin. Mademoiselle Clairon fit sa grande équipée dramatique à la Comédie-Française, et joua un rôle d'insurgée qui n'était pas dans son répertoire : on l'envoya au For-l'Évêque comme une simple figurante, et quand elle fut libre, l'actrice se vengea bien, elle quitta le théâtre, en jurant de n'y plus rentrer. Ce serment fut gardé.

M. de Valbelle partit de Tourves, et vint mettre son amour si vieux et toujours si jeune aux pieds de mademoiselle Clairon. En ce temps-là, on aimait ainsi; depuis, nous avons progressé : on n'aime plus.

Lecerf s'inclina, et ferma son manuscrit. Madame Desglajeux lui adressa quelques paroles flatteuses et le remercia d'une voix pleine d'émotion.

On remarquait déjà dans le salon ce mouvement qui annonce la fin d'une soirée. Rousselin seul ne quittait pas son fauteuil, il dormait, ou du moins il faisait le semblant de dormir.

— Cela doit vous avoir coûté bien des recherches? dit Célestine à Lecerf.

— Oh! madame! d'immenses recherches! répondit le jeune homme en soutenant son front avec sa main. Pour écrire cette histoire, j'ai compulsé plus de cent volumes des Mémoires du temps.

— Je crois bien! Mais comme cela vous fait honneur d'employer ainsi votre jeunesse!

— Madame! dit Lecerf en s'inclinant.

— Je viens peut-être, monsieur, de commettre une indiscrétion, ajouta Célestine : vous avez fait ce soir la conquête de M. l'avocat Benoît; il m'a demandé votre adresse, et j'ai cru devoir la lui donner.

— Madame, je serai enchanté de voir M. l'avocat chez moi. J'ai causé peu de temps avec lui, mais cela m'a suffi pour le connaître; ce jeune homme sera l'honneur du barreau.

— Il sera député...

— Quand il le voudra; c'est justement ce que je lui disais tout-à-l'heure : Vous serez député un jour! je suis bien aise de me rencontrer avec vous.

Rousselin avait repris sa discussion avec son partner du whist, et l'avocat Benoît affectait d'examiner minutieusement dans tous ses détails une pendule mythologique représentant Bacchus enivrant Cupidon.

Les voitures s'avançaient vers la grille, on échangeait les adieux, on déployait les mantelets. Il était une heure du matin. Il ne resta bientôt plus que Célestine dans son salon.

Sur la route de Vincennes, à un endroit convenu, trois hommes qui avaient quitté le salon séparément se rejoignirent, et Rousselin, surnommé Pritchard, dit aux deux autres : C'est très-bien, mes amis; tout s'est passé admirablement. Adieu, Lecerf, adieu, Benoît; nous nous rencontrerons après-demain, de l'autre côté de Paris, à Bougival.

Pritchard remonta dans son tilbury, et courut au grand galop vers le faubourg Saint-Antoine.

IV.

UNE LAIDEUR DE TROIS MILLIONS.

Le château de madame Aubigny est situé sur la plaine de Bougival, et n'est séparé de la Seine que par une pelouse et une allée de marronniers. Il y a beaucoup de luxe dans cette résidence ; tout y annonce la richesse solide, le goût et la distinction. C'est pourtant un château acquis par un marchand très-bourgeois; mais il s'est trouvé là une jeune fille qui n'a permis à aucun tapissier d'y coudre la moindre banalité de sa profession, en se réservant à elle seule le soin d'y étaler l'opulence bien comprise et les ornements sévères et gracieux d'un art indépendant de la mode et jeune dans tous les siècles, cet art que rien ne peut vieillir.

Clémence Aubigny, comme nous l'avons déjà vu, a reçu la plus brillante éducation en sa qualité de fille d'un millionnaire ignorant; mais toute la richesse du père, tout l'esprit donné par la nature, tout le charme acquis par l'instruction, ne remplaçaient point l'absence du plus précieux trésor d'une femme, la beauté.

Clémence avait le malheur d'être laide dans toute l'acception du mot, car sa laideur ne pouvait être contestée par personne, excepté par sa mère. Les lignes de sa figure semblaient avoir été bouleversées sous la griffe d'un démon railleur, et les stigmates du fléau vaincu par Jenner constellaient ses joues et son front, en mettant le comble à une déplorable difformité.

La beauté s'était réfugiée à l'intérieur ; mais c'est un asile où les yeux de l'homme ne la cherchent pas. Cependant l'héritière d'une immense richesse ne manque jamais de prétendants. Surtout à l'époque où cette histoire vraie se passe, les intérêts matériels florissaient ; le veau d'or trônait sur un piédestal ; la fortune courait en chemin de fer, et les hommes, emportés par l'ouragan qui soufflait de la Bourse, ne voyaient dans la femme, le mariage et l'amour, qu'une affaire bonne ou mauvaise selon la valeur de la dot apportée aux pieds des autels. Clémence Aubigny, malgré sa laideur idéale, avait donc autour d'elle beaucoup de solliciteurs d'hyménée, et elle entendait murmurer à son oreille de chaudes déclarations qui la faisaient sourire, parce que, chose rare, l'intelligente fille avait la consience de sa difformité, et comprenait trop bien que toutes ces ardeurs amoureuses ne s'adressaient qu'à son argent. Aussi, avec une seule parole, empreinte de douceur ironique, Clémence congédiait chaque jour quelque jeune ruiné de la Bourse, quelque fat, chasseur de dot, quelque industriel vierge d'actions. Sa mère ne comprenait rien à ces refus perpétuels; mais une phrase, toujours la même, lui fermait chaque jour la bouche. — Je veux rester avec vous, et je ne veux pas me marier.

Pour vaincre cette résistance obstinée, il fallait donc qu'un homme se présentât avec les savantes combinaisons d'une stratégie nouvelle. C'est ce qu'avait si bien deviné Rousselin, surnommé Pritchard.

Ce jour-là madame Aubigny et sa fille étaient assises sous les tilleuls de la terrasse du château, et Rousselin, qui venait d'arriver, disait, en essuyant la sueur de son front et en déboutonnant son habit, vieux de quinze ans :

— A coup sûr, mon neveu Lecerf ne m'aura pas bien entendu hier, car il est très-exact. Je lui ai donné rendez-vous pour le convoi d'une heure et demie. A six heures nous dînons à Saint-Germain, où je vais traiter l'acquisition d'une petite magnanerie que je marchande depuis deux ans. Nous sommes en désaccord de trente louis avec le propriétaire, et je vais lui proposer de partager le différent... Ces dames se sont toujours bien bien portées ?

Madame et mademoiselle Aubigny inclinèrent légèrement la tête.

— On se porte toujours très-bien à la campagne, poursuivit Rousselin ; si jamais je puis me réaliser quelques petites rentes je me fais campagnard ; Paris m'étouffe ; c'est une ville de jeune homme ; quand l'âge vient, on sent que Paris perd beaucoup de sa valeur.

— Mais, dit madame Aubigny en souriant, il me semble que vous êtes très-jeune encore, monsieur Rousselin.

— Ah diable ! je me conserve, j'ai soin de moi, le travail et la bonne conduite ne donnent point de rides au front. Madame, tel que vous me voyez, j'aurai quarante-cinq ans le 19 mars prochain, à la Saint-Joseph.

— Vraiment !

— Si vous voyiez mon père, M. Anastase Rousselin, conseiller municipal, dans sa métairie de l'Ardèche, vous lui donneriez soixante ans au plus ; il en a quatre-vingt-cinq. Mon petit neveu Lecerf est encore de cette race de bons campagnards ; avec ses goûts simples, sa vie studieuse, sa constitution robuste, il sera jeune à soixante-dix ans.

— Monsieur votre neveu, dit madame

Aubigny, est assez bon pour nous rendre quelques visites, et vraiment ce n'est pas un jeune homme d'aujourd'hui ; il a un bon sens, une modestie, un...

— Ah! madame, interrompit Rousselin avec un léger soupir, mon neveu n'est déjà plus un jeune homme ; il a dépassé la trentaine, et de beaucoup.

— On lui donnerait vingt-cinq ans, dit madame Aubigny.

— Mon neveu a tous les goûts de l'âge mûr ; quelquefois, en plaisantant, je l'appelle mon oncle. Il se lève à cinq heures du matin, été ou hiver ; il se met à son bureau, et il lit ou écrit tout le jour. Après dîner, il fait une petite promenade au Luxembourg, ou, quand il pleut, sous les galeries de l'Odéon. La nuit venue, il est toujours rentré. Je n'ai jamais pu le décider à venir une seule fois avec moi au spectacle. Lorsque je veux le mettre de mauvaise humeur, je lui dis : Lecerf, tu es en âge de te marier; voyons, n'as-tu pas quelque petit sentiment dans le cœur? Comptes-tu rester garçon toute ta vie? Alors mon neveu fait un haussement d'épaules et une mine si drôles, qu'il m'ôte l'envie de lui adresser la même question pendant quinze jours.

— Au fait, si ce n'est pas là son goût, dit madame Aubigny, il ne faut pas le contrarier. Mon neveu Maurice jure aussi qu'il ne se mariera jamais.

— Le goût de Lecerf, dit Rousselin, son goût unique, c'est l'étude!

— On s'en aperçoit bien, ajouta madame Aubigny ; je ne dis pas cela pour flatter ma fille, mais lorsque votre neveu et

Clémence causent ensemble sur l'histoire, la géogragraphie, l'astronomie, la littérature, il y a vraiment du plaisir à les écouter. Moi, je reste la bouche béante, et je regrette qu'il n'y ait pas là vingt ou trente personnes autour de nous...

— Oh! madame, interrompit Rousselin avec une vivacité admirable, mon neveu ne soufflerait pas le mot devant une société si nombreuse! Vous ne le connaissez pas. Il a toute la timidité de l'enfance. Quelquefois il me dit : Mon oncle, nous avons causé aujourd'hui deux bonnes h ures avec les dames Aubigny; mais ce sont deux heures que je n'ai pas perdues. Mademoiselle Aubigny a tant de bonté, avec son esprit et son instruction, qu'elle m'encourageait à parler, et après quelques phrases échangées, je ne suis plus timide, et je parle comme avec vous, ou comme si j'étais seul.

Mademoiselle Clémence Aubigny élargit son évantail pour cacher la rougeur subite de son visage, ce qui n'échappa point à Rousselin.

— Figurez-vous que l'autre jour, dit madame Aubigny, radieuse de joie maternelle, votre neveu et ma fille ont eu une discussion sur... sur... le... voyons, aide-moi, Clémence... tu es là sur ton banc, muette comme une statue... Sur quoi étiez vous en discussion avec M. Lecerf?

— Sur la première croisade de Saint-Louis, dit Clémence avec une voix douce et timide.

— Eh bien! demanda naïvement Rousselin, que soutenait mon neveu?

— M. Lecerf, ajouta Clémence, soutenait que Saint-Louis avait fait sa première croisade en 1270, tandis que l'histoire nous apprend qu'il s'est embarqué à Aigues-Mortes, en 1248, le 25 août, le même jour qui est son jour de fête sur le calendrier.

— Il fallait les entendre, dit madame Aubigny en riant, c'était vraiment curieux. Moi, je n'aurais pas donné ma place pour mille francs, vrai !

— Et c'est sans doute mademoiselle Clémence qui avait raison? demanda Rousselin avec le geste gauche d'un campagnard qui vise aux belles manières.

— Ce n'est pas moi qui avais raison, dit Clémence, c'est l'histoire. Saint-Louis a fait sa seconde croisade en 1270. M. Lecerf a confondu les deux dates.

— Moi, dit Rousselin d'un air hébété,

je ne sais pas comment on peut loger toutes ces choses dans une tête! Si on me demandait quel jour Louis XVIII est entré à Paris, je serais très-embarrassé pour répondre, et cependant j'étais alors un grand garçon, et je l'ai vu passer dans sa calèche découverte, rue Saint-Denis, à la fenêtre de mon cousin Faugiron, qui avait une boutique de passementier.

— Ah! dit madame Aubigny, il y a des têtes privilégiées, des têtes qui retiennent tout.

— Qui retiennent tout! répéta Rousselin, comme un écho stupide.

— Oui, dit Clémence, mais il faut que ces têtes étudient.

— Bah! s'écria Rousselin, j'étudierais trente ans, moi, et je n'en saurais pas davantage!... Croiriez-vous, mademoiselle, que je demande toutes les années le jour où l'on sème le colza dans l'Ardèche? Cependant cela m'intéresse, puisque la récolte me rend bon an mal an quelque chose comme vingt-cinq louis !

Le ton d'emphase avec lequel Rousselin prononça ces derniers mots fit sourire les deux dames millionnaires; mais c'était de la bienveillance et non de l'ironie. Rousselin avait toujours l'air béat d'un bon homme qui ne comprend rien.

Un coup de sonnette donné à la grille suspendit cet entretien, dont Rousselin avait d'avance mesuré la longueur : les regards des deux femmes suivirent l'allée, et madame Aubigny dit, en voyant la grille se refermer :

— C'est M. Lecerf.

— Oui, dit Rousselin; il y a juste une

heure, il a pris le convoi de deux heures et demie.

Lecerf avait revêtu le costume dont nous avons parlé déjà et qui vieillissait sa jeunesse ; son pas était lent et grave ; ses yeux se fixaient sur un livre et ils ne se levèrent qu'à dix pas de la terrasse du château.

Rousselin laissa son prétendu neveu saluer respectueusrment les deux femmes, et haussant la voix ensuite, il lui dit :

— Eh bien ! nous ne nous sommes donc pas compris hier !

— Pardonnez-moi, mon cher oncle, dit Lecerf d'une voix douce et modeste, j'ai cru entendre deux heures et demie.

— Tu sais pourtant que nous dînons à Saint-Germain ?

— Oui, mon oncle.

— Au reste, nous avons encore du temps devant nous.

— Messieurs, dit madame Aubigny, vous savez que nous avons toujours une petite voiture attelée pour conduire nos amis à la station ; car nous sommes ici très-éloignées du chemin de fer.

— Madame, dit Rousselin, votre offre n'est pas à dédaigner ; nous acceptons.

— Mais à condition, ajouta madame Aubigny en riant, que vous nous donnerez quelques instants encore. Il ne vous faut qu'un quart-d'heure pour monter à Saint-Germain.

Lecerf s'assit après l'invitation de madame Aubigny, qui lui dit :

— Vous paraissez bien absorbé par votre lecture ? Vous avez là, sans doute, un livre fort intéressant ?

— Oui, madame, répondit Lecerf en ouvrant et refermant le livre : c'est l'*Abrégé de l'histoire de la Belgique*, par Metteren. L'ouvrage original est un in-folio, imprimé en 1768 : je l'ai lu à la bibliothèque royale, l'an dernier. C'est un livre qui est en haute estime chez les érudits.

—S'il vous appartient, dit Clémence, je me vois forcée à vous faire un emprunt.

—Il ne m'appartient pas, mademoiselle; je ne suis pas assez riche pour acheter toutes mes fantaisies littéraires, mais je puis en disposer ; il m'a été prêté par un de mes amis, M. Cyprien Lefagues, docteur en droit. Il a une bibliothèque très-belle et il m'accorde généreusement la permission de puiser dans ce trésor. Cela m'est d'une grande ressource dans l'ouvrage assez important dont je m'occupe depuis bien des années : *L'Histoire comparée des divers États de l'Europe moderne.*

— Ah ! dit madame Aubigny, toute enorgueillie de parler à un auteur de cette force, vous vous occupez d'un ouvrage de si longue haleine !

— Il y aura quinze volume, madame.

— Quinze au moins, dit Rousselin.

— Non, poursuivit Lecerf, je ne crois pas dépasser quinze, surtout depuis que par ma nouvelle division j'ai réuni, dans un seul chapitre, l'Espagne et le Portugal, la Belgique et la Hollande.

— Êtes-vous bien avancé, monsieur Lecerf? demanda madame Aubigny.

— J'achèverai mon sixième volume le mois prochain. L'histoire ne s'improvise pas comme le roman ; il m'a fallu deux ans et demi pour colliger tous les matériaux nécessaires. J'ai puisé aux meilleures sources, j'ai consulté ceux de nos contemporains qui ont joué un rôle dans les faits historiques récemment accomplis. Le mois dernier, l'amiral Lalande m'a donné les plus précieux détails sur nos mouvements maritimes dans la Méditerranée, et j'ai fait un voyage à Malte, au mois de mars, pour voir le général Napier et connaître le dernier mot de la politique anglaise, à l'endroit de la question Beyrouth. Napier m'a fait des révélations de la plus haute importance...

— Vraiment! monsieur, interrompit madame Aubigny en arrêtant ses lèvres sur la bordure de son évantail ouvert et ses yeux sur sa fille.

— Oui, madame, continua Lecerf avec

un sang-froid admirable, Napier a été franc envers moi, et ce qu'il m'a dit sur la question d'Orient renverse de fond en comble tout l'échafaudage élevé par les publicistes français. Le cabinet des Tuileries a été aveugle, juste au moment où il fallait voir très-clair. L'Angleterre préparait secrètement sa fameuse expédition contre la Chine pour favoriser son commerce de l'opium. Si aucun événement ne fût venu faire diversion sur la Méditerranée, toute l'Europe aurait protesté contre l'injuste agression de l'Angleterre; toute l'Europe aurait embrassé la cause du Céleste-Empire et de ce malheureux peuple ainsi livré aux industriels empoisonneurs. Le cabinet de Saint-James prévit le coup, on crut étourdiment en Europe que l'Angleterre faisait avancer une flotte vers l'Égypte pour obtenir par la force le passage de l'Inde par la Syrie, passage que l'Angleterre pouvait obtenir sans aucune démonstration belliqueuse, et par la seule influence de son nom auprès de Méhémet-Ali. Nos plus habiles diplomates donnèrent dans le piége; tous les yeux se tournèrent vers l'Égypte; tous nos vaisseaux manœuvrèrent dans les eaux de la Syrie; tous nos journaux ne retentirent que de la question d'Orient; l'Angleterre tira des bombes de théâtre et fit beaucoup de fumée devant Beyrouth, et à la faveur de cette fumée, l'expédition de la Chine se consomma sans bruit, sans protestation aucune. Lorsque tout le fracas de l'Égypte s'éteignit, nous apprîmes tous, avec une stupéfaction muette, que la Chine était au pouvoir des Anglais. Jamais comédie ne fut mieux jouée par l'Angleterre; jamais on ne fit plus de bruit pour rien au bénéfice de nos adroits voisins.

— Mais, s'écria madame Aubigny, ce plan de l'Angleterre était admirable !

— Admirable pour elle, oui, madame, mais déplorable pour nous.

— Mais, monsieur Lecerf, chaque pays travaille dans son intérêt.

— Oui, madame; on peut même soutenir que le patriotisme n'est que l'égoïsme national.

— C'est cela, monsieur, vous exprimez ma pensée mieux que moi.

— Mais, madame, cette théorie peut vous mener loin, et justifier bien des violences politiques.

— Avant tout, remarqua modestement

Clémence, il faut qu'un pays soit juste, comme un citoyen.

— Ah! très-bien! très-bien! s'écria Rousselin.

— Vous avez raison, mademoiselle, dit Lecerf en s'inclinant, et votre réflexion, dont j'ose m'emparer, trouvera sa place lorsque j'arriverai à ce chapitre de mon histoire.

La figure de Clémence s'illumina d'un rayon d'orgueil, et faillit être belle un seul instant.

— Au reste, dit madame Aubigny, vous avez envisagé cette question sous une face toute nouvelle, monsieur Lecerf, et cela vous fera le plus grand honneur.

— Je n'ai rien inventé, rien deviné, madame, dit Lecerf avec modestie; j'ai puisé des renseignements à bonne source;

c'est un mérite dont je ne puis m'enorgueillir. L'historien ne s'attire de justes éloges qu'en travaillant sur son propre fonds. Dans cette circonstance, je ne suis qu'un écho.

Rousselin tira sa montre, regarda le soleil et dit :

— On passerait volontiers tout le jour à écouter ces conversations-là, mais on nous attend à Saint-Germain...

— Vous avez du temps de reste, dit madame Aubigny ; Saint-Germain est à ma porte.

— Oui, madame, je le sais, dit Rousselin en se levant ; mais avant dîner, j'ai dans la magnanerie une petite inspection à faire, et quelques pieds d'arbustes à choisir. Allons ! mon neveu, prenons congé de ces dames.

Lecerf se leva lentement, reprit son livre, et dit à Clémence :

— J'aurai l'honneur de vous l'envoyer un de ces jours.

— Nous l'envoyer ! dit madame Aubigny; mais j'espère bien que vous nous ferez l'honneur d'accepter notre dîner jeudi prochain; il faut que nous allions vous le rappeler à votre petite maison de l'Observatoire, monsieur Rousselin.

Lecerf regarda timidement Rousselin, qui répondit :

— Madame, mon neveu Lecerf s'est donné un congé aujourd'hui, et il a bien juré ce matin de travailler un mois sans sortir de Paris. Vous ne savez pas, madame, que j'ai failli venir tout seul vous rendre ma visite. Je l'ai arraché violemment de ses livres et de ses papiers.

— Ah! ce n'est pas bien, monsieur Lecerf, dit madame Aubigny, voilà un tort que vous avez envers nous, et je vous le pardonnerai si vous acceptez mon invitation.

Les yeux résignés et calmes de Lecerf se tournèrent une seconde fois vers Rousselin, qui eut l'air de faire un effort sur lui-même, et dit:

— Alors, madame, je le prends sur moi; nous acceptons.

On échangea encore quelques paroles insignifiantes pendant que le char-à-bancs, traîné par un joli cheval, s'avançait sur l'allée de la grille. Rousselin et Lecerf firent leurs adieux et s'assirent derrière le cocher, vieux domestique attaché à la maison Aubigny depuis trente ans.

On prit le chemin de la station.

Le cocher ne pouvait pas perdre un seul mot de la conversation qui s'établit entre Rousselin et Lecerf. Aussi le faux oncle parlait-il très-haut pour être encore mieux entendu par le cocher de madame Aubigny.

— J'aurais bien volontiers passé une heure encore avec ces dames, dit Rousselin, mais je m'en dédommagerai bien la prochaine fois. Madame Aubigny est une femme pleine de bon sens et d'amabilité. On est bien avec elle.

— C'est vrai, mon oncle ; on la quitte toujours avec regret.

— Il y a si peu de femmes, ajouta Rousselin, avec lesquelles on puisse causer simplement, naturellement, sans être obligé de dire toutes ces bêtises qui courent le monde et n'ont pas le sens commun !

— Eh bien! mon oncle, je suis beaucoup plus jeune que vous, et j'ai par conséquent moins d'expérience ; pourtant j'avais déjà reconnu la vérité de ce que vous venez de dire ; à tel point qu'une conversation avec une femme me paraît la chose du monde la plus fastidieuse. On n'y gagne rien, et on s'expose à perdre ce qu'on sait.

— Comme elle est distinguée aussi, mademoiselle Clémence Aubigny! dit Rousselin, sans affectation.

— Et comme elle est instruite! ajouta Lecerf.

— Moi, dit Rousselin, je suis trop ignorant pour juger de l'instruction des autres, mais il me semble qu'il doit y avoir peu de jeunes personnes plus instruites que mademoiselle Aubigny.

— Et plus modestes, ajoutez cela, mon oncle.

— Et plus modestes, comme tu dis. Elle parle peu, et tout ce qu'elle répond est supérieurement pensé. Moi, quand mademoiselle Aubigny ouvre la bouche pour dire la moindre parole, j'ouvre toutes mes oreilles ; je suis sûr que ce qu'elle va dire mérite d'être écouté. C'est bien rare chez une jeune personne de dix-huit à vingt ans.

— Aujourd'hui, ajouta Lecerf, mademoiselle Clémence a très-peu parlé ; mais à ma dernière visite, où vous n'étiez pas, mon oncle, nous engageâmes une discussion historique dans laquelle, je l'avoue, votre neveu fut battu.

— Vraiment ! s'écria Rousselin.

— Oh ! complétement battu, mon oncle. Eh bien! cette victoire ne la rendit pas orgueilleuse; elle garda cette grâce modeste qui va si bien aux jeunes femmes, et que dans leurs triomphes les jeunes hommes n'ont jamais.

— Tu as bien raison.

Rousselin fit arrêter la voiture à deux cents pas de la station de Bougival, et descendit avec son prétendu neveu, mais non sans avoir remercié le cocher en termes bienveillants.

Lorsque les deux hommes furent seuls, un changement subit s'opéra sur leurs visages et dans leurs accents.

— Séparons-nous tout de suite, dit Rousselin; tu monteras à Saint-Germain, moi je descendrai à Paris.

— Où nous retrouverons-nous, Pritchard?

— Demain, à midi, avec Benoît, aux Catacombes. Dès ce moment, nous ne nous connaissons plus; allons à la station, chacun de notre côté. L'affaire Aubigny marche bien, très-bien. La petite laide est prise. Il y a des généraux qui prennent des citadelles, avec des chemins couverts, des tranchées, des redans, des gabions, des zig-zags. Ces généraux sont des imbéciles. A quoi diable cela sert-il de prendre des citadelles? Quand on a ce talent de stratégie, il faut l'employer à prendre une femme ornée de trois millions. Adieu, Lecerf!

— Adieu, Pritchard, à demain!

V.

LA MAISON DE ROUSSELIN.

Dans le voisinage de l'Observatoire, et sur le chemin qu'un guide nous faisait suivre autrefois, lorsque nous allions visiter les Catacombes, on trouvait encore en 1849 une petite maison de deux étages ayant un vaste jardin, à l'extrémité duquel une maçonnerie nouvelle avait ajouté une cour, fermée par quatre murs très-peu élevés. Cette maison n'était pas isolée, de peur de paraître suspecte; à sa droite et à sa gauche d'autres maisons se prolongeaient avec l'intention évidente de fonder une rue, dans des temps meilleurs.

Rousselin s'était établi dans cette maison, où il donnait à ses voisins l'exemple de toutes les vertus domestiques, civiles et agricoles.

Au lever du soleil, on le voyait parcourant son jardin, et veillant avec une sollicitude minutieuse sur les espaliers, les melonnières, la faisanderie, les légumes, la basse-cour. Le soir, après le coucher du soleil, il promenait l'arrosoir avec un discernement admirable, selon les besoins des espèces, sur toute sa famille végétale, lorsque la pluie faisait trop attendre ses faveurs. Jamais un orgue de barbarie, un chanteur nomade, un bohémien d'Alsace, un savoyard d'Auvergne, ne passaient devant la porte de Rousselin, sans recevoir le petit sou demandé, ce qui ravissait d'admiration les voisins, dans ce quartier indigent. Rousselin rédigeait aussi, par complaisance gratuite, les pétitions adressées au ministre et à la mairie du douzième arrondissement; il conseillait aux familles de faire vacciner les enfants; il prêchait l'économie à ses voisines; il remplissait exactement son service de garde national; il votait pour le candidat du ministère; il était abonné au *Moniteur*, et il présidait un comice agricole qui n'existait pas, et dont il parlait toujours. Une telle manière de vivre est plus que suffisante pour conquérir dans son quartier la réputation de Curius Dentatus, ou de Valerius Publicola.

Une vieille femme de ménage et un valet de ferme, expert dans la culture des jardins, composaient toute la domesticité de cet homme, et ils exaltaient partout d'autant plus volontiers la frugalité de Rousselin, qu'il leur était permis à eux de se nourrir à leur fantaisie; le maître ne lésinait que sur lui. Au reste, disait-il, ce sont là mes goûts; je puis vivre de peu, mais je ne veux pas imposer mes goûts aux autres. Ces propos se redisaient dans le voisinage, les femmes montraient Rousselin à leurs maris et à leurs enfants, lorsqu'il sortait, avec son antique habit, pour aller voir jouer aux boules, disait-il; et un quart-d'heure après, il s'asseyait dans un cabinet particulier chez Pinson, où il dînait sur une carte de vingt francs.

Ce quartier solitaire fut un jour mis en émoi par un phénomène : on vit arriver une calèche découverte, attelée de deux chevaux sérieux, et qu'un numéro de régie n'humiliait pas. Un domestique, à livrée bleue, descendit du siége, et ôtant son chapeau galonné, il prit les ordres de deux femmes assises dans la calèche, et demanda la demeure de M. Rousselin. A ce nom vénéré, une pléïade de voisins fit irruption sur la voie publique, et tous, chantant les louanges de Rousselin, se disputèrent l'honneur d'indiquer son domicile. La calèche se remit en marche, et s'arrêta devant une porte indiquée par trente mains.

En ce moment, Rousselin se faisait ressembler à un homme qui travaille. Il tressait avec de la paille une natte d'espalier pour les prévisions de l'hiver. Son valet de ferme accourut et annonça, en les défigurant selon l'usage de tout domestique, les noms des dames Aubigny. Rousselin se leva précipitamment, de l'air d'un homme qui rougit d'être surpris dans une toilette trop négligée, et secouant une poussière absente avec une grande agilité de mains, il fit quelques pas pour recevoir les visiteuses millionnaires qui, d'après ses justes prévisions et selon leurs promesses devaient tôt ou tard se rendre chez lui.

Après les préliminaires obligés : — Excusez-moi, dit Rousselin ; excusez-moi, mesdames, si je vous reçois ainsi ; vous ne m'aviez pas fait l'honneur de m'annoncer votre visite, et vous êtes reçues par un paysan.

— Mais voilà ce qui nous plaît, dit madame Aubigny ; croyez-vous qu'il y ait un métier plus noble que celui que vous faites en ce moment?

— Ah! madame, le monde ne raisonne pas ainsi, et...

— Nous ne sommes pas le monde, nous, interrompit madame Aubigny ; ainsi ne nous faites pas l'injure de nous croire asservies à des préjugés absurdes... Savez-vous, monsieur Rousselin, que votre maison est fort difficile à trouver ? Heureusement, vous avez des voisins qui vous connaissent beaucoup, et qui servent de guides dans ce quartier. Nous vous devions une visite depuis longtemps, et aujourd'hui, en venant à Paris avec ma fille, pour donner une signature chez mon notaire, nous avons prolongé notre promenade jusque chez vous.

— Madame, dit Rousselin en s'inclinant, je ne m'attendais pas à cet honneur aujourd'hui, et...

— Nous venons aussi vous rappeler votre promesse... c'est demain jeudi...

— Oui, madame, oui, mon neveu est prévenu... il est en ce moment au cours de géologie, au Jardin-des-Plantes.

— Mais votre neveu, M. Lecerf, dit madame Aubigny en riant, veut donc devenir universel?

— Oh! madame, c'est, je puis dire, un affamé de sciences. S'il n'était pas aussi robuste, j'aurais déjà conçu quelques craintes pour sa santé.

— Votre jardin est charmant, dit mademoiselle Clémence, en rejetant son voile sur le chapeau de paille ; il n'y manque que des fleurs.

— Ah ! mademoiselle, dit Rousselin sur un ton d'esquise bonhomie, les fleurs ne rendent rien.

— Que le plaisir de les voir, ajouta Clémence.

— C'est trop peu pour un jardinier qui vit de son jardin, poursuivit Rousselin avec une figure béate. Tenez, mademoiselle, regardez ce terrain en amphithéâtre si bien exposé au midi ; il y avait des fleurs autrefois : j'en ai fait une melonnière. Je vends mes primeurs quelque chose comme une moyenne de quinze francs le melon, chez Chevet ou aux grands chefs du Palais-Royal. Je soigne ces individus comme un père ses enfants.

Très-souvent au milieu de l'hiver, la nuit, quand il neige, j'écoute, et il me semble entendre des plaintes par ici ; alors je me lève, et je regarde si le vent n'a rien dérangé dans les abris, si aucune plante ne souffre, si aucune cloche n'est brisée, si tout le monde enfin se porte bien. Ah ! mesdames, si vous saviez ce qu'il en coûte pour faire manger aux riches de bons petits pois, en avril !

Ces paroles furent dites par Rousselin avec un ton si naturel, que les dames Aubigny en furent émues aux larmes. Cet attendrissement ne fut pas perdu pour l'œil subtil qui ne laissait rien échapper ; aussi Rousselin poursuivit son cours de faux propriétaire.

— Tenez, mesdames, dit-il, voilà tout un espalier de pêches qu'il faut soigner comme de jeunes filles. Tous ces fruits verts que vous voyez ont un nom et sont numérotés sur un registre que j'ai là-haut.

— Vraiment! dit madame Aubigny, en agitant son ombrelle sur sa tête.

— Oui, madame; je sais ainsi ce que tel arbre me promet et ce qu'il me donne à l'échéance.

— Il ne vous donne jamais ce qu'il vous a promis? demanda Clémence.

— Hélas! non, mademoiselle, répondit Rousselin avec tristesse, les arbres sont comme les hommes.

— Ah! il y a des exceptions, dit madame Aubigny.

— Oui, mais pour les arbres, remarqua mélancoliquement Rousselin.

— Quoi! dit en riant madame Aubigny, vous n'excepterez pas au moins votre neveu M. Lecerf!

— Oh! celui-là, madame, le pauvre garçon! est un homme à part. Mais je n'aime pas le flatter.

— Même en son absence, monsieur Rousselin?

— Oui, madame, de peur de m'habituer à le flatter quand il est présent; qui donne de l'orgueil à l'homme le perd. Je ne veux pas perdre mon neveu... Vous voyez ce jardin, madame; vous voyez qu'il est tenu convenablement; eh bien! si Dieu me laisse vivre dix ans encore, je veux que ce jardin donne un revenu net de cent cinquante louis, et alors je serai heureux de dire à Lecerf: Mon ami, voilà ce que ton oncle te laisse; il a travaillé pour toi, et avec ce petit morceau de terre, on ne meurt jamais de faim, quoi qu'il arrive... Et alors, madame, je crois que je mourrai content.

C'était une charmante idylle en action ; il n'y manquait qu'un spectateur, car les trois personnages semblaient avoir trop d'émotion pour faire la remarque froide qu'ils composaient un tableau vivant et champêtre. Rousselin regardait son jardin avec des yeux humides de tendresse, et sa figure prenait une expression pastorale qui aurait trompé les plus forts observateurs. Quant aux deux femmes, elles étaient véritablement émues, et elles échangeaient des regards d'intelligence, comme si elles eussent apporté un secret avec elles, et que le moment leur parût favorable pour faire arriver aux lèvres ce qu'elles cachaient dans le cœur.

Rousselin, selon son habitude, lisait la pensée intime sur le visage des dames Aubigny ; mais ce n'était point un industriel novice, et il ne compromettait aucun succès par trop d'empressement. L'affaire lui paraissait évidemment en bon chemin ; l'habile ingénieur serrait de près, avec ses tranchées ouvertes, la citadelle des trois millions, et pourtant il comprenait qu'une faute énorme pouvait être commise en pareil cas par de moins adroits. La moindre allusion au mariage, faite par la bouche de Rousselin, était une grossière erreur de stratégie de siége. Le coup de maître consistait à provoquer l'initiative du côté de madame Aubigny, ou d'arriver à un de ces moments d'effusion réciproque, où la même chose est proposée à la fois par les deux parties intéressées, où la même idée éclate en duo comme une soudaine inspiration, quoiqu'elle soit mûrie depuis longtemps.

Les hommes de l'espèce de Rousselin réussissent presque toujours dans leurs opérations. Sans le savoir, Tartufe a rendu un grand service aux industriels de cette catégorie parisienne. Tout le monde connaît Tartufe, et la méfiance générale ne s'exerce que contre un homme vêtu de noir, qui parle un langage sucré, assaisonné de dictons mystiques. Mais si un perfide industriel se présente dans une famille, habillé comme tout le monde, et ne parlant jamais ni de l'Église, ni du ciel, il a de fortes chances de succès. La société des dupes n'est en garde que contre les faux dévots, suivis de haires et de disciplines; et elle se précipite avec toute confiance entre les bras d'un homme qui porte un frac bleu et parle agronomie, canalisation, commerce : dès son premier mot, Tartufe serait aujourd'hui chassé de tous les salons ; ses successeurs transformés sont accueillis partout, et ils fonctionnent avec un raffinement inouï, et qui s'élève à la hauteur du progrès où nous sommes arrivés en toute chose à la faveur de notre civilisation.

Rousselin affecta de se donner tous les petits ridicules du propriétaire, et ne fit pas grâce d'un légume aux dames Aubigny; il mit ses pêches au-dessus des pêches de Montreuil, ses raisins au-dessus de ceux de Fontainebleau, ses faisans au-dessus de ceux de M. Deschapelles, son jardin au-dessus de tous les jardins, et ne dit pas un mot de son neveu, malgré les adroites provocations de madame Aubigny. Enfin, après une très-longue visite, la mère et la fille prirent congé de Rousselin, qui les accompagna jusqu'au seuil de sa maison.

Sans perdre une minute, cet homme rentra dans le jardin, le traversa lentement, ouvrit avec nonchalance la porte de la petite cour, à l'extrémité du potager, et se protégeant dans un angle du mur contre l'indiscrétion des regards voisins, il souleva un trappe, alluma une des lampes disposées sur la première marche de l'escalier, et par les sinuosités souterraines qu'il avait lui-même creusées, il gagna l'ancien escalier abandonné des Catacombes, et descendit à la chapelle du 2 septembre, pour y trouver ou y attendre ses deux associés.

Cette cour avait une autre porte qui

s'ouvrait sur un terrain désert, dont Benoît et Lecerf possédaient chacun une clé. Ces deux hommes pouvaient ainsi descendre aux Catacombes sans passer par la maison et le potager de Rousselin.

Quand ils furent réunis tous les trois, Rousselin prit la parole et annonça, dans ses moindres détails, la visite des dames Aubigny. Ensuite, prenant le ton doctoral du maître devant ses élèves, il leur dit :

— Vous le voyez, nous sommes sur le point de faire réussir la plus importante de nos affaires; les autres réussiront quand celle-ci aura triomphé de tous les obstacles. C'est à présent que nous devons redoubler de vigilance, de finesse, de tact, de sagacité, d'observation. Chacun de ces mots est le germe d'un succès ; pesez-les tous bien. Nous avons contre nous un ennemi formidable... Savez-vous le nom de cet ennemi ?

— Le Code pénal ! dit Benoît.

— Tu es un enfant, continua Rousselin en haussant les épaules ; cet ennemi se nomme le hasard. Il faut donc enlever au hasard toutes ses combinaisons fatales ; il faut être plus intelligent que lui. En général, les hommes les plus fins échouent, parce qu'ils ne prennent que les trois quarts des précautions exigées pour une réussite. Le succès demande qu'on exagère les précautions ; ainsi, quand on les a prises toutes, il faut en prendre davantage. Il n'y a jamais de luxe en pareil cas.

— C'est juste, remarqua Lecerf.

— Ayez à votre service le domestique le plus fidèle, poursuivit Rousselin ; ayez la femme de ménage la plus muette, un jour arrivera infailliblement où ce domestique et cette femme vous trahiront sans sans le savoir, et vous feront échouer la veille d'une réussite infaillible. Hasardez-vous à parler dans l'endroit le plus secret, entre associés, d'une affaire mystérieuse, vous serez etendu par un mur, un arbre, un pavé ; des regards lointains et invisibles peuvent même comprendre à vos gestes, à votre immobilité, à votre attitude, le sens des paroles que vous avez prononcées à voix basse. Vous n'entendez pas, pour la première fois, ces recommandations, mais je vous les redirai souvent encore, jusqu'à ce qu'elles fassent partie intégrante de vous-mêmes, comme votre chair et vos cheveux.

— Oh ! nous les entendons toujours avec plaisir, dit Lecerf.

— Vous devez les entendre avec profit, continua Rousselin. Songez que nous jouons une partie d'échecs sur un échiquier immense ; que nous devons deviner le mouvement futur de toutes les *pièces* de notre adversaire, et que nous ne devons pousser les nôtres sur une case qu'après la certitude acquise du succès.

— Très-bien ! dit Benoît.

— Demain, ajouta le maître, nous dînons chez les dames Aubigny. Il faut nous préparer à cette entrevue décisive par la méditation. Soyons sobres à ce dîner, d'abord pour donner une haute idée de notre tempérance, et ensuite pour empêcher nos bouches de dire une de ces sottises, filles du champagne et du bordeaux.

—Oh ! de ce côté, je ne crains rien, dit Lecerf.

— Je le sais, mon petit Lecerf, mais tu le vois, j'exagère les précautions ; profite de mon exemple... Demain, il faut, Lecerf, que tu frappes un grand coup, et nous allons enlever toute chance au hasard. Tu vas me comprendre. Il n'y a pas de plus brillante conversation que celle qu'on prépare, de même qu'il n'y a pas de plus beau discours improvisé que celui qu'on apprend par cœur, pendant six mois. Donc, nous userons demain de ce procédé...

— Ah ! voyons, dit Lecerf en se frottant les mains.

— Ne m'interromps pas... écoute... Avant le dîner, nous ferons avec ces dames une petite promenade dans le verger ; elles voudront me rendre ce que je leur ai donné aujourd'hui, c'est inévitable. Je cueillerai un abricot vert ou mûr, n'importe, et je dirai : Voilà un fruit que j'aime beaucoup ; c'est le véritable fruit parisien. Alors, toi, Lecerf, tu m'interrompras, en disant : Mon oncle, c'est un fruit de la Perse, et on le nomme en latin *Persieus*, à cause de son origine. Je te regarderai d'un air étonné. Mademoiselle Clémence voudra retenir le nom, et tu le prononceras une seconde fois. Après, tu feras l'histoire de l'abricot, et tu diras qu'il a été apporté de la Perse par Sylla. —Eh bien ! m'écrierai-je en riant d'un rire stupide, j'aime beaucoup ce Sylla qui nous a fait un si bon cadeau. — C'était un grand misérable ! répliqueras-tu, et même tu peux ajouter d'autres injures contre Sylla, qui est mort depuis deux mille ans, et que nous ne craignons plus.

Ce plan est superbe ! dit Lecerf en riant.

— Attends donc ! poursuivit Rousselin; moi, je prendrai la défense de Sylla, toujours à cause des abricotiers, et toi, prenant un air grave, tu commenceras un cours d'histoire sur les proscriptions de Rome, sur les guerres civiles de Marius, sur la dictature de Sylla, proclamée quatre-vingt-deux ans avant Jésus-Christ. N'oublie pas cette date ; elle produira un effet énorme sur les trois millions. Enfin, pour te donner les airs d'un historien impartial, tu ajouteras ceci, en propres termes : A mes yeux, Sylla n'a été grand qu'à la bataille d'Orchomène, lorsque voulant rallier ses légions en fuite, il s'écria : « Je mourrai ici glorieusement, moi ! » mais vous, soldats, lorsque les Romains

» vous demanderont : Où avez-vous laissé
» votre général? vous répondrez : A Or-
» chomène ! »

— Alors, Pritchard, vous m'applaudi-rez, dit Lecerf.

— Non; c'est madame Aubigny qui t'applaudira, et madamoiselle Clémence sera plus laide que jamais dans son enthousiasme historique. Moi, je me contenterai de dire :

— Je savais bien qu'un homme qui a inventé les abricots devait être un grand homme. Cela ne signifie rien du tout, mais si j'avais le malheur de dire une chose spirituelle, tout serait perdu. Mon petit Lecerf, exagérons encore, il n'y a pas de mal. Ce soir ouvre ton histoire romaine et lis trois ou quatre fois l'histoire de Sylla et de Marius. De cette manière, nous ne quitterons pas Sylla pendant tout le dîner.

— Mais, mon cher Pritchard, Sylla m'est connu depuis longtemps.

— Pas assez, Lecerf, pas assez; ne sois point présomptueux... Voyons, Lecerf, en quelle année ce Sylla est-il mort. ?

— Attendez... attendez, Pritchard... je vais vous le dire... il est mort... en...

— Allons, tu ne le sais pas. Mon petit Lecerf, Sylla est mort soixante-dix-sept ans avant notre ère.

— Je l'aurais appris ce soir.

— Soit, mais tu l'ignorais ce matin.

— Et à moi, demanda l'avocat, quelles instructions as-tu à me donner?

— A ton tour, Benoît, dit Rousselin. Je connais le journal que reçoivent les dames Aubigny; voici l'adressse du bureau, écrite au crayon... Maintenant, voici l'annonce et la réclame que tu feras insérer aujourd'hui pour demain. Paie bien, et marchande un peu. Écoutez cette lecture, et donnez-moi votre avis, comme membres du public :

« Pous paraître prochainement, les trois
» premiers volumes de l'*Histoire comparée*
» *des nations de l'Europe moderne*, par
» *Adrien Lecerf.* Cet ouvrage, fruit de
» longues et laborieuses études, est le brillant
» début d'un historien qui va conquérir
» une place éminente dans la littérature
» sérieuse. Les volumes paraîtront simultanément
» à Berlin, chez Schneider,
» 11 *Bern-Strass*; à New-Yorck, chez Julius
» Clarke, 27 *Seminary-Square*; à Londres,
» chez Thomas Milne, 16 *King-Williamstreet
» (strand).* »

— Comment trouvez-vous cette annonce et cette réclame? demanda Rousselin.

— Elle est effrayante de vérité, répondit Benoît.

— Point d'observation ?

— Aucune, dit Lecerf.

— Va donc faire insérer cela tout de suite, ajouta Rousselin; observe bien ceci: l'annonce doit paraître à la quatrième page; la réclame à la troisième. C'est important.

— Mais je fais une réflexion, dit Lecerf d'un air soucieux.

— Voyons ta réflexion, demanda Rousselin.

— Cette histoire que nous annonçons avec tant de pompe ne paraîtra jamais?

— Sans doute, à moins que tu ne veuilles l'écrire.

— Dieu m'en garde !... Mais alors que penseront les dames Aubigny?

— Avant l'échéance de *prochainement*, ce qui est une date très-vague, tu seras marié.

— Et quand ma femme me demandera des nouvelles de mon histoire?

— Ce sera au commencement de l'hiver; nous mettrons adroitement le feu à ton cabinet de travail. Tes précieux manuscrits seront dévorés par les flammes; tu te livreras au plus violent désespoir, et tout sera fini.

— Ce diable de Pritchard a toujours un expédient à son service !

— Rien n'est si aisé, mon petit Lecerf. L'intelligence, c'est l'invention perpétuelle. Il n'y a que les animaux qui n'invitent pas. Ah! un mot encore, Benoît. En te présentant au bureau du journal pour l'insertion de cette annonce, mets des lunettes vertes, une cravate presque blanche et un habit noir, vieux et étriqué. Il faut que tu ressembles à un historien. Tu es censé porter toi-même ta réclame et tes éloges; cela se voit.

— Pritchard, dit Benoît, je suiverai toutes ces recommandations.

— As-tu des nouvelles fraîches de Célestine?

— Oui; je lui ai fait hier une petite visite à Saint-Mandé. Elle est enchantée de Lecerf et de sa lecture de l'autre soir.

— Tout marche bien de ce côté aussi, dit Rousselin: on peut courir deux lièvres à la fois, mais jamais deux femmes. Célestine aura son tour après Clémence Aubigny, mes amis ; ce mariage projeté, ou pour mieux dire ces trois millions de dot, absorbent, en ce moment, toutes mes facultés, mais je sens que toute ma passion pour la belle veuve de Saint-Mandé se réveillera plus terrible, lorsque nous serons millionnaires, et c'est alors que j'aurai besoin de toute mon intelligence, de toute mon audace, de toute la force victorieuse de mes combinaisons.

— Pritchard, dit Lecerf, tu n'es qu'un grand homme incomplet. Cette passion pour Célestine te diminue de vingt pieds.

— J'en conviens, dit Rousselin, en s'inclinant d'un air humble, mais qu'y faire ! je dois payer mon tribut à la nature. Samson s'est laissé couper les cheveux par

Dalila; Hercule a filé du chanvre aux pieds d'Omphale; Annibal a été endormi, à Capoue, par Olympia; Marc-Antoine a suivi la galère de Cléopâtre; et moi, je suis donc excusable si j'aime un peu trop les charmes blonds de Célestine Desglajeux. Mes excuses sont dans l'antiquité.

— Seulement, observa Benoît, nous te ferons remarquer humblement que toutes ces anciennes femmes ont fait faire des sottises énormes à leurs héroïques amants.

— Eh bien ! dit Pritchard, je vous promets de ne pas les imiter jusqu'à la fin.

Les trois associés se séparèrent. Rousselin rentra dans sa maison pour s'asseoir à une table frugale, où il conquit de nouveaux titres à l'estime de ses voisins, en assaisonnant des racines cuites, comme Curius Dentatus, dont la gravure ornait sa modeste salle à manger.

VI.

LE COUSIN MAURICE.

Nous avons suffisamment indiqué le plan d'attaque combiné avec une grande adresse stratégique contre la dot californienne de Clémence Aubigny. Toute place bien assiégée doit être prise au moment assigné par l'ingénieur. Aussi, pour ne pas retarder la marche de l'action dramatique, nous supprimerons les détails intermédiares et oiseux, en abordant tout de suite les infallibles résultats que devait amener la tactique de Rousselin. D'après les conseils de son maître, en agissant à l'inverse de tous les prétendants, le jeune Lecerf avait porté le trouble dans le cœur de la pauvre fille millionnaire, car le cœur accomplit toujours ses nobles fonctions, en dépit de la difformité de la figure, et même la laideur est l'indice d'une sensibilité extrême qui manque souvent à la beauté.

Rousselin avait beaucoup compté sur le dîner où Lecerf tira un feu d'artifice d'érudition incroyable. Les rôles furent joués conformément au programme, et madame Aubigny, perdant un peu la tête, dans les brouillards du dessert et du champagne, hasarda quelques mots vagues sur le mariage et les ennuis des femmes recluses dans un château et poursuivies par des fats ou des spéculateurs. Rousselin feignit de ne pas comprendre, et provoqua des paroles plus claires. Madame Aubigny, qui tenait le secret de sa fille, alla cette fois beaucoup plus loin, et Rousselin la regarda fixement avec des yeux béats, et se dessina ensuite dans une attitude de réflexion.

Le dîner fini, et pendant que Lecerf et Clémence poursuivaient une dissertation sur la guerre sociale que Sylla, disait la jeune fille, avait eu la gloire de terminer, Rousselin offrit gravement le bras à madame Aubigny, et d'un ton pénétré, il sollicita encore quelques explications pour avoir le droit, ajouta-t-il, de faire une démarche grave. Cette fois la bonne femme, se contenta de sourire et d'encourager du regard. Rousselin feignit de prendre son courage à deux mains, et comme s'il eût obéi à une inspiration soudaine, il demanda Clémence à sa mère pour son neveu Lecerf. Madame Aubigny, émue aux larmes, serra la main de son interlocuteur, et tout fut conclu en un instant. Les millionnaires ne connaissent pas les obstacles et les retards. Une faucille d'or coupe des buissons de fer.

Légalement parlant, il n'y eut dans cette grande affaire industrielle rien de répréhensible, excepté une légère altération de chiffres dans l'acte de naissance de Lecerf, qui fut ainsi officiellement vieilli de dix ans, par les archives de Nevers, sa ville natale. Le mariage fut célébré sans pompe à l'église de Bougival, et quelques parents de la famille Aubigny, obscurs marchands de soieries en gros, furent seuls invités. Clémence vêtue de blanc et couronnée des fleurs nuptiales, excita d'étranges propos de raillerie villageoise chez les curieux de Bougival. Lecerf habillé avec une gaucherie académicienne, et cherchant avec effort un maintien distingué, se donnait en public une raideur pompeuse, dessinée la veille par Rousselin. Madame Aubigny voyait dans tous ces défauts de son gendre le bonheur futur de sa fille ; elle aurait donné tous les jeunes dandies des loges de l'Opéra pour ce savant provincial de trente-cinq ans, étranger aux habitudes d'un monde corrompu, et apportant à sa femme un cœur pur qu'aucune passion antérieure n'avait flétri.

Le soir même du mariage, après le repas, Rousselin fit ses adieux à madame Aubigny, à sa fille et à Lecerf, et malgré les prières qui lui furent faites pour le retenir au château, il s'obstina à partir pour rentrer dans se petite maison de l'Observatoire.

— En avançant en âge, dit-il, on prend des habitudes que rien ne peut rompre. Je ne pourrais pas dormir dans un château : j'ai besoin de ma petite chambre et des attentions de ma vieille gouvernante. Lecerf le sait bien. Adieu donc, mes chers parents, il faut que je soigne mon jardin.

— Et quand vous reverrai-je, mon cher oncle, demanda Lecerf?

— Mais nous nous verrons souvent, je l'espère, très-souvent, pas tous les jours comme autrefois, parce que maintenant, mon ami, tu te dois à ta femme. Une vie nouvelle commence pour toi ; je n'ai pas besoin de te dicter des leçons, elles sont dans ton cœur. Adieu, mes chers parents !

— Et comment comptez-vous retourner à Paris ? demanda madame Aubigny.

— Mais par le chemin de fer.

— Y pensez-vous ? Il n'y a plus de convois.

— Alors je ferai la route à pied.

— Nous ne souffrirons pas cela, mon cher monsieur Rousselin, dit madame Aubigny avec feu : voici mon neveu Maurice qui doit partir pour le Hâvre demain, et qui est obligé de rentrer à Paris. Nous lui avons fait préparer une voiture, et il vous accompagnera.

— Cela ne dérange personne? demanda Rousselin.

— Mais non, au contraire, cela arrange tout le monde. Il est fort tard, monsieur Rousselin, et vous aurez dans Maurice un compagnon solide. C'est un jeune marin de Tanger et de Mogador.

— Ah! je serai enchanté de faire route avec mon cousin Maurice, dit Rousselin en serrant la main du jeune homme.

On s'embrassa longuement de part et d'autre, et la voiture partit, emportant Rousselin et Maurice sur l'ancienne route, destituée par le chemin de fer.

Maurice Aubigny était le fils d'un marchand de la rue des Bourdonnais; à treize ans, une impérieuse vocation maritime l'enleva aux rues étouffées du vieux Paris, et le mit à bord du vaisseau le *Marengo*, où il fit ses premières courses. Blessé à l'attaque de Tanger, Maurice, qui avait le grade d'enseigne, obtint un congé assez long, pour revoir sa famille et se rétablir dans l'air natal.

A l'époque où notre histoire se passe, Maurice avait vingt-quatre ans ; c'était un jeune homme qui avait pris à la mer toutes les vertus qu'elle donne : la vigueur, la franchise, le courage, l'insouciance, le dévouement, la gaîté. Nous le connaissons assez déjà par ce peu de lignes, nous le connaîtrons mieux plus tard.

— Ainsi donc, vous dites que nous sommes cousins, monsieur Rousselin ? demanda Maurice, en s'asseyant sur le devant de la voiture.

— Cousins d'alliance, dit Rousselin en

riant avec bonhomie, puisque mon neveu épouse votre cousine.

— Ah ! puisque vous le dites, je le crois. Je ne connais, moi, que les titres et les grades de la marine militaire... Voilà un mariage qui a été bien vite bâclé, n'est-ce pas, mon cousin ?

— Oh ! pas si vite que vous croyez, mon cousin Maurice, dit Rousselin de l'air d'un homme adroit qui veut sonder l'opinion de son interlocuteur ; seulement, nous avons tenu ce mariage secret à cause de...

— A cause de quoi ? répliqua vivement Maurice.

— A cause des jaloux... Votre cousine a été demandée en mariage par tant d'amateurs !...

— D'amateurs de dot, nous le savons. Eh bien ! on envoie les jaloux au diable.

— Ils n'y vont pas, et ils font du tort aux honnêtes gens.

— Quel tort ? je ne comprends pas.

— N'avait-on pas dit déjà que madame Aubigny, votre tante, aurait dû donner un jeune homme à votre cousine Clémence ?

— Et que lui a-t-elle donné ?

— Ah ! mon neveu Lecerf n'est pas ce qu'on appelle un jeune homme ; il a trente-cinq ans sonnés.

— Déjà ! il n'a pas l'air de les avoir... Et puis, est-ce qu'un homme de trente-cinq ans est vieux ?

— Ah ! il pourrait être plus jeune.

— Vous dites là une fameuse naïveté, cousin Rousselin !

— Je voulais dire que votre cousine

Clémence est bien jeune pour l'âge de mon neveu.

— Ma foi ! si cela leur convient à l'un et à l'autre, le monde n'a rien à voir là-dedans.

— Vous savez, mon cousin Maurice, que le monde se mêle de tout.

— C'est un mariage parfaitement assorti.

Rousselin respira : ce cousin Maurice, avec sa tournure de marin, l'inquiétait depuis la veille. L'apparition inattendue de ce jeune homme au milieu d'une famille de bons bourgeois lui avait fait vaguement pressentir quelque empêchement au mariage de Lecerf, et il accueillit donc avec une grande joie intérieure les derniers mots si rassurants du cousin. Malgré cela, Rousselin n'était pas fâché de savoir que Maurice devait partir pour le Hâvre le lendemain.

— Ainsi, vous nous quittez bientôt, monsieur Maurice? demanda Rousselin d'un ton plein d'intérêt, vous allez vous embarquer au Hâvre?

— M'embarquer au Hâvre sur un paquebot, comme simple voyageur, pour aller Southampton.

— Reprendre votre service?

— Que diable dites-vous là, monsieur Rousselin? Est-ce que je sers dans la marine anglaise! Je vais en Angleterre pour me promener.

— Ah! j'entends... excusez-moi, monsieur Maurice; je suis tout-à-fait ignorant de ces choses. Otez-moi de mon jardin, et je ne sais rien absolument... Vous allez donc visiter l'Angleterre?

— Oui, je profite de mon congé.

— Mais nous aurons le plaisir de vous revoir bientôt?

— Oh! je ne serai absent que deux ou trois mois au plus.

— Et après, vous rentrez en France?

— Je rentre à Paris, et peut-être je quitterai le service, d'après les conseils des médécins, parce que l'air de la mer n'est pas bon pour ma blessure.

— Tant mieux! mon cousin Maurice, nous nous verrons plus souvent. Je suis sûr que vous aimerez mon neveu Lecerf. En voilà un qui est instruit, et qui ne vous ferait pas les questions saugrenues que je vous fais!

— Aussi a-t-il trouvé la femme qui lui convient, dit Maurice; ma cousine Clémence a plus d'instruction qu'un amiral, et plus d'esprit qu'un préfet maritime... Par malheur elle est... Enfin, on ne peut pas tout avoir... Pour moi, je suis habitué à la figure de Clémence, eh bien! je ne la trouve pas si laide qu'on le dit dans la famille.

— Comment! interrompit Rousselin avec une indignation modérée, on dit cela dans la famille! Certainement ma nièce, madame Lecerf, n'est pas une beauté, mais elle n'a rien de désagréable dans sa personne.

— Elle est ce que sont tant de femmes, dit Maurice.

— Voilà le mot, ajouta Rousselin; hier, je me suis promené deux heures aux Tuileries; je n'ai pas vu une jolie femme, une seule.

— Ensuite, dit Maurice, il faut dire que

ma cousine Clémence a un caractère adorable, une humeur douce, une bonté qui vaut peut-être mieux que la beauté. Aussi, moi, je l'aime comme une sœur...

— Je le crois bien, dit Rousselin : une cousine germaine, c'est presque une sœur.

— A tel point, ajouta Maurice, qu'un jour je me suis battu pour elle.

— Vraiment? dit Rousselin en riant faux.

— Oui, monsieur Rousselin.

— Contez-moi cela, mon cousin Maurice.

— Voici, poursuivit le cousin, voici l'histoire, je puis vous la conter, car vous êtes de la famille... Clémence n'avait alors que quinze ans. Un de ces adroits spéculateurs qui vont toujours à la chasse des héritières se présenta chez ma tante Aubigny, en qualité de voisin de campagne, pour lui rendre une visite. Ce voisin se nommait Javeyron.

Pendant tout l'été, notre homme fréquenta le château et se montra très-galamment assidu auprès de ma cousine. Enfin, l'automne venu, il la demanda en mariage. Ce Javeyron ne manquait pas d'esprit; il avait une tournure agréable et beaucoup de distinction dans les manières. Ma tante Aubigny était sur le point de lui donner ma cousine, lorsque le hasard amena au château un de nos parents qui connaissait Javeyron, et le connaissait trop bien. Ce qu'il nous conta de lui fit suspendre le mariage. On alla aux informations, et on apprit que Javeyron, quoique à peine âgé de trente-deux ans, avait déjà fait deux faillites quasi-frauduleuses, et laissé mourir une première femme de chagrin, en lui dévorant sa dot...

— Le misérable! s'écria Rousselin.

— Attendez donc, monsieur Rousselin, ne m'interrompez pas.

— C'est que, mon cousin Maurice, s'écria Rousselin indigné, lorsque j'entends raconter des choses aussi odieuses, je ne suis plus maître de moi! Est-il possible qu'il y ait de pareils hommes!

— Il y en a peu, dit Maurice en calmant Rousselin, mais il y en a... laissez-moi continuer...

— Oui, continuez.

— Lorsque ma tante Aubigny eut appris toute l'histoire de Javeyron, elle se promit bien de le recevoir comme il le méritait...

— Moi, interrompit Rousselin, je l'aurais fait arrêter par le procureur du roi. Ah! je sens que je serais dur avec les fripons!

— Écoutez, monsieur Rousselin... Un jour, notre Javeyron se présente au château pour conclure définitivement le mariage, disait-il. Alors, madame Aubigny prit un air de dignité, regarda cet homme en face, et, en présence de ma cousine, lui ordonna de sortir. Javeyron joua l'étonnement, mais ma tante ne recula pas devant les explications demandées, et elle dit tout. Furieux d'être découvert, le prétendant se leva, et prenant sa voix la plus ironique, il dit en montrant ma cousine :

— Madame, vous auriez dû remercier un homme courageux comme moi qui consentait à épouser tant de laideur, pour le faible dédommagement d'un million!

A cette odieuse parole, ma cousine poussa un cri déchirant, et s'évanouit; ma tante se précipita sur elle pour lui donner du secours, et à la faveur de ce trouble, Javeyron sortit du château impunément.

— Oh ! s'écria Rousselin, voilà des choses que je ne pourrais croire, si un autre me les racontait ! pourquoi ne s'est-il pas trouvé là un homme qui...

— L'homme s'est trouvé, monsieur Rousselin... j'avais alors dix-neuf ans au plus, et j'étais à Toulon, embarqué sur le *Diadème* ; une lettre de ma famille m'annonce l'affront reçu par ma pauvre cousine. Je demande un congé de quinze jours, je prends une chaise de poste; j'arrive à Paris, je cherche Javeyron, je le trouve, je lui fais une insulte sanglante, et le lendemain, il recevait une balle en pleine poitrine, au bois de Vincennes, et rendait le dernier soupir.

— Très-bien ! très-bien ! dit Rousselin avec une émotion dont l'origine était équivoque.

— La chose faite, je reviens à Toulon...

— Et si ce M. Javeyron, demanda Rousselin avec une assurance factive, avait refusé de se battre ?

— Je l'aurais poignardé ! dit Maurice avec une voix qui perça la poitrine de Rousselin.

— Au fait, dit-il, c'était mérité.

— C'est que, voyez-vous, monsieur Rousselin, poursuivit Maurice avec un accent énergique, nous avons, nous, marins, des devoirs à remplir ; il ne nous est pas permis de laisser l'ombre de l'insulte sur la robe d'une parente. Nos familles doivent rester intactes à l'endroit de l'honneur. Ainsi, voilà ma cousine mariée à M. Lecerf, votre neveu. Je suppose que Clémence soit insultée, eh bien! sans faire tort à M. Lecerf, je crois qu'il n'entend rien du tout aux armes...

— Oh! absolument rien, dit Rousselin avec naïveté, c'est un garçon que j'ai élevé comme une jeune fille; ses armes à lui sont ses livres. Il s'est fait remplacer pour deux mille francs, à l'époque du recrutement militaire, deux mille francs que j'ai payés de ma bourse...

— Bon! ajouta Maurice, voilà donc un mauvais défenseur de femmes... et vous, monsieur Rousselin?

— Moi!... oh! moi!.. si je me trouvais présent, là, quand on insulte une cousine, une nièce, je prendrais un meuble et j'assommerais le misérable qui aurait osé... Mais quant aux armes, j'y entends moins encore que mon neveu.

— Eh bien ! si un pareil malheur arrivait, dit Maurice, et si j'étais aux Grandes-Indes, j'arriverais en paquebot pour venger l'honneur de ma famille et ce que j'appelle mon pavillon domestique, aussi sacré pour moi que le pavillon national.

— Noble jeune homme ! dit Rousselin.

Et prenant affectueusement les mains de Maurice, il les serra.

La voiture entrait à Paris, et Rousselin dit à son compagnon :

— Je vais descendre ici et prendre un cabriolet à la première station. Je ne veux pas vous donner la peine de m'accompagner à l'Observatoire.

— J'accepte volontiers cette offre, dit Maurice, parce que j'ai une longue lettre à écrire avant de me coucher, et je dois être levé à cinq heures du matin.

— Si vous écrivez à madame Aubigny, dit Rousselin, dites-lui que j'aurai l'honneur de la voir après-demain.

— Écrire à ma tante ce soir, répondit Maurice en souriant; je ne suis pas assez bon neveu pour cela... J'écris à une personne.....

— Ah! je comprends! je comprends! dit Rousselin d'un air qui visait à l'intelligence; vous écrivez à une personne qu'on ne nomme pas... Est-ce qu'il y aurait encore un nouveau mariage sous cloche, dans la famille? Excusez cette expression d'horticulteur.

— Un mariage? Ah! monsieur Rousse-

lin, je laisse marier les autres, moi!...
Écoutez, entre hommes on peut tout se
dire... et puis, j'aime à parler de ces choses... à mon âge cela se conçoit... il ne
nous suffit pas d'être heureux ; nous voulons avoir des témoins de notre bonheur...

— Voyons! voyons! dit Rousselin en
inclinant l'oreille d'un air joyeux, comme
un homme affamé de confidences.

— Je suis amoureux.

— Parbleu! je le crois sans peine,
Maurice ; à votre âge j'étais amoureux de
toutes les jolies femmes.

— Oh! moi, je n'en aime qu'une ; ce
n'est pas un caprice, c'est une passion.

— Vous l'épouserez alors?

— Oh! non... Ce n'est pas une femme
qu'on épouse.

— Elle est donc mariée?

— Pas du tout.

— Alors je ne vous comprends pas, Maurice.

— C'est pourtant bien clair, monsieur Rousselin.

— Excusez-moi, Maurice, je ne suis pas un homme du monde, moi ; je suis un jardinier de l'Observatoire. Dernièrement votre tante et votre cousine m'ont surpris tressant de la paille pour mes espaliers.

— Eh bien ! dit Maurice d'un ton enfantin, je suis amoureux d'une actrice.

— D'une actrice ! Est-ce possible ? Une femme de théâtre !

— Oui. C'est la mode aujourd'hui ; on n'aime plus que les femmes de théâtre.

— Et les autres ?

— On les épouse.

— Vraiment, mon cousin Maurice, vous

m'en apprenez de belles, ce soir ! Si nous passions trois jours ensemble, je serais, à la fin du troisième, moins bête que je ne suis... Et vous l'aimez donc beaucoup, cette comédienne ?

— A la folie ! elle est belle, jeune, charmante. Elle rit toujours, elle danse toujours, elle parle toujours. C'est un oiseau, une rose, un papillon, et elle est sage ! Oh ! sage comme la vertu.

— C'est l'essentiel, Maurice.

— Un prince russe lui a offert, le mois dernier, cinq mille roubles pour une mèche de ses cheveux ondés. Elle a donné les cheveux et a refusé l'argent. C'est bien beau, n'est-ce pas ?

— Oui, mais elle aurait mieux fait de refuser les cheveux aussi. Excusez l'ignorance d'un jardinier.

— Pas du tout; elle a bien agi. Une actrice ne doit pas se brouiller avec les Russes pour une boucle de cheveux. Une actrice a besoin d'amis et de soutiens; elle veut être applaudie au théâtre, et les Russes applaudissent beaucoup, parce que c'est, dit-on, l'usage dans leur pays.

— Et vous allez quitter votre actrice demain ?

— Oui, hélas! mais pour deux mois seulement. Nous nous écrirons trois fois par semaine, c'est convenu. Elle écrit comme un ange.

— Mon cousin Maurice, si en votre absence je pouvais vous être à Paris de quelque utilité, ne me ménagez pas.

— Merci, monsieur Rousselin. Mon absence ne sera pas longue... Ne parlez pas à ma tante de mes amours.

— Oh ! fi donc ! je n'en parlerai à personne !

— Ainsi donc, au revoir, monsieur Rousselin... voilà des voitures de place sur cette station.

— Adieu, mon cousin Maurice, adieu, et à bientôt ! Ne restez pas longtemps chez les Anglais... Je n'aime pas les Anglais, moi ; je ne sais pas pourquoi, mais je ne les aime pas. C'est une habitude d'enfance.

— Monsieur Rousselin — dit Maurice en serrant les mains de ce cousin faux — vous avez des naïvetés charmantes, et un caractère de franchise qui me plaît. Nous serons bons amis, je le prévois.

— Je ne suis qu'un homme simple, répondit Rousselin d'un air ingénu, mais je crois avoir le cœur bon et l'amitié sincère.

Les deux hommes se séparèrent comme d'anciens amis, en échangeant encore de vives paroles d'affection.

Après le départ de Maurice, la figure de Rousselin s'assombrit et son expression devint méditative. Il ressemblait beaucoup, en ce moment, au joueur d'échecs qui, surpris par la marche d'une *pièce* inattendue, cherche sur ses cases un soutien encore inconnu. Maurice venait de jeter une vague épouvante sur l'échiquier de Rousselin.

VII.

UNE SOIRÉE DE CETTE ÉPOQUE.

Maurice était à l'âge heureux de tromperies innocentes ; il ne partait pas pour le Hâvre, il n'allait pas en Angleterre ; il comptait disposer d'une autre façon du budget que ses parents lui avaient voté, en assemblée de famille, pour étudier les mœurs de nos voisins.

Il descendit de voiture sur la place de la Madeleine, la renvoya par la même route à Bougival, et descendit les boulevards jusqu'à la hauteur de la rue la plus sensuelle de Paris. Toutes les boutiques d'industrie tranquille étaient depuis longtemps fermées ; les restaurants et les cafés de la zône italienne étaient encore ouverts pour les soupers, les glaces et les veillées du jeu. Le jour finissait pour le travail, il commençait pour l'oisiveté.

Le jeune marin marchait d'un pas très-rapide, comme s'il eût craint d'arriver trop tard à un rendez-vous. Arrivé devant un numéro qu'il cherchait aux lueurs du gaz, il sonna, monta l'escalier d'un pas de descente jusqu'au second étage, et entra dans un appartement qui retentissait d'éclats de rire, de cliquetis de porcelaines et de voix tumultueuses; c'était un souper de minuit, un souper selon les mœurs de l'époque de Pritchard.

Une jeune femme et quinze convives de l'autre sexe étaient assis autour d'un table décorée de fleurs, de candélabres et de fruits; le désordre du service annonçait que le repas touchait à sa fin.

— Ces messieurs, dit la reine du souper, excuseront M. Maurice Aubigny s'il arrive si tard : il sort d'un repas de noces; il vient de marier sa cousine.

Deux jeunes gens se séparèrent pour ménager une place à Maurice, et l'un d'eux lui adressa gaîment cette question :

— Votre cousine est belle, cela va sans dire ?

— Elle est mieux que cela, répondit Maurice.

— Mieux que belle ! diable ! et qu'a-t-elle donc de plus que la beauté ?

— Elle a trois millions de dot.

Le convive regarda en face Maurice, prit un verre de champagne, se leva, et dit d'un ton solennel :

— Messieurs, je propose un toast à la cousine de mon jeune voisin, elle a trois millions de dot. Mademoiselle Augusta, je vous en souhaite la moitié à votre premier mariage.

— C'est tout juste ce qu'il faut pour vivre honnêtement, dit mademoiselle Augusta, et vous, monsieur Édouard de Gentabrun, je vous souhaite d'être mon premier mari.

— Après moi ? dit Maurice.

— Monsieur Maurice Aubigny, ajouta la jeune femme, vous n'avez pas le droit de dire des folies ; vous n'avez pas soupé avec nous.

— Mais je sors d'un mariage.

— Il fallait y rester. Nous n'aimons pas ceux qui arrivent tard.

— Comment ! s'écria Édouard de Gentabrun ; il y a donc des gens qui ont trois millions !

— Il y a mon cousin, dit Maurice ; je ne connais pas les autres.

— Et pourquoi n'avez-vous pas épousé votre cousine, vous, monsieur ?

— Je sais pourquoi, dit Augusta.

— Parce que j'ai le défaut d'arriver toujours trop tard, dit Maurice.

— Ce n'est pas le véritable motif, ajouta la jeune femme. La cousine de M. Maurice a une réputation de laideur qui l'a forcée à s'exiler dans la banlieue. Elle a épousé un savant qui a perdu les yeux en déchiffrant du chinois.

— Comment! dit Édouard, votre cousin est aveugle!

— Je ne veux pas démentir madame, dit Maurice.

— Et que fera-t-il de ses trois millions, ce savant aveugle? demanda Édouard.

— Il donnera une subvention à l'hospice des Quinze-Vingts.

— Eh bien! moi, ajouta Édouard, si j'avais un cousin trimillionnaire, je l'obligerais à me faire une subvention.

— Et s'il vous la refusait? dit Maurice.

— Je me vengerais.

— Comment?

— Je ferais la cour à ma cousine.

— Oh! le cousin de M. Maurice ne craint rien de ce côté, remarqua la jeune femme.

— Au reste, dit Maurice, puisque la folie d'une conversation de minuit nous fait dire toutes ces choses contre mon nouveau cousin, je dois dire sérieusement que M. Lecerf...

— Ah! il s'appelle Lecerf! interrompit Édouard avec un éclat de rire.

— N'est-ce pas un nom comme un autre? demanda Maurice.

— C'est juste, monsieur Maurice, continuez.

— Je dirai donc, poursuivit Maurice,

que monsieur Lecerf m'a fait, à table tout-à-l'heure, les offres les plus séduisantes.

— Ah! écoutons les offres, dit Édouard.

— Nous étions au dessert, continua Maurice ; c'est le quart-d'heure des expansions. — Mon cousin, m'a-t-il dit, êtes vous bien satisfait de votre état de marin? — Oui, ai-je répondu ; mais par raison de santé je suis forcé de renoncer au service. — C'est ce que votre cousine me disait ce matin, a-t-il ajouté. Cependant vous devez avoir la passion des voyages, n'est-ce pas? — Oh! toujours! — Craindriez-vous une traversée jusqu'au fond du golfe du Mexique? — Non. — Avez-vous entendu parlez des ruines des villes mexicaines? — Sans doute. — Vous savez qu'elles se rattachent à l'antique histoire des Incas? — Je l'ignorais. — Vous savez alors que la religion, l'architecture, les caractères symboliques des Mexicains ont une grande analogie avec tout ce que nous connaissons des Égyptiens? — Je l'ignorais aussi...

— Ah çà! mais quel diable de conte à dormir debout nous faites-vous là! interrompit Édouard.

— Laissez donc parler, dit la jeune femme.

— Attendez donc la fin, monsieur, poursuivit Maurice.

— Buvons un verre de champagne, dans l'entr'acte, monsieur Maurice, dit Édouard; et à la santé des Mexicains!

— Je veux bien, dit Maurice... Ne seriez-vous pas curieux, ajouta mon cousin, de visiter ces ruines merveilleuses et de recueillir sur les lieux des notes pour l'histoire ? — A condition que je ne prendrai que des notes, ai-je répondu. — Oui, on écrirait l'histoire pour vous. — Et qui l'écrirait? — Votre cousine. — Ma cousine ! — Oui, oui, les femmes écrivent toutes aujourd'hui ; pourquoi votre cousine n'écrirait-elle pas comme les autres ? — Au fait, c'est juste ; et qui paierait les frais d'un voyage si coûteux ? — Belle demande ! moi, ou pour mieux dire votre cousine... Écoutez-moi... Clémence m'a remis ce matin ses économies de jeune fille pour en disposer à mon gré ; elles s'élèvent à une somme de 40,000 francs, tout en belles pièces d'or. Votre cousine veut que cette somme soit employée à quelque chose d'utile. Pourrais-je mieux l'employer qu'à votre voyage aux ruines du Mexique ? — Ma foi ! j'accepte la somme et le voyage, mon cousin Lecerf. — Il ne s'agit donc plus alors, a-t-il ajouté, que d'aller au Hâvre et de demander des renseignements sur les navires en partance pour le golfe du Mexique. — Ce soin me regarde, ai-je répondu...

— Et vous partez donc pour le Mexique? interrompit Augusta.

— Je me suis réservé une condition secrète.

— Laquelle, monsieur ?

— Eh ! puisqu'elle est secrète, je ne puis la confier à personne...

— Pas même à moi?

— Excepté à vous.

Édouard était devenu pensif, et il paraissait ne plus écouter que d'une oreille la conversation.

Tout-à-coup il sortit de ses réflexions,

et reprenant son verre de champagne, il dit :

— Monsieur Maurice, je bois à votre cousin.

— De tout mon cœur.

— Et celui-ci encore à l'histoire de votre cousine.

— Je ne recule pas.

— Et encore celui-ci à toute votre famille.

— J'accepte toujours, il n'y a que l'eau douce que je crains.

— Maintenant, causons affaires, dit Édouard... Nous sommes ici réunis pour soigner le début de mademoiselle Augusta, et nous avons promis de lui faire un triomphe au troisième acte, de la couvrir de fleurs au quatrième, et de la rappeler à la chute du rideau.

— Oui! oui! crièrent en chœur les convives, excepté Maurice.

— C'est que, messieurs, j'aurai bien besoin de votre appui; l'idée seule de ce début me donne le frisson.

— Que craignez-vous? dit Édouard; vous êtes belle, jeune, faite à ravir; vous avez une chevelure noire superbe; des bras de statue grecque; des pieds d'enfant, des yeux incendiaires, un organe de violoncelle, une âme de feu, une mémoire miraculeuse. Il ne vous manquait qu'un théâtre, et on vous le donne. Paraissez, débutez, et vous aurez la gloire... Messieurs, buvons à la belle reine du festin! à la divine Augusta!

— Dans vos dons généreux, dit la jeune femme, vous en avez oublié un, monsieur Édouard.

— Lequel?

— Le courage.

— Vous l'aurez ; celui-là ne vient à l'artiste qu'après le lever du rideau et le premier applaudissement, comme au marin après le premier coup de canon. N'est-ce pas, monsieur Maurice?

— C'est vrai.

— Je bois avec monsieur Maurice au courage d'Augusta.

Toutes ces jeunes têtes s'échauffaient, et la mousse du champagne étincelait dans les yeux des convives et de la reine du festin ; un seul n'avait qu'une exaltation factice : c'était un de ces cerveaux privilégiés qui savent rester froids au milieu d'un incendie général.

— Il me vient une idée, s'écria Édouard ; je veux tirer l'horoscope de mademoiselle Augusta. Qu'on me donne des cartes.

— Ah ! très-bien ! monsieur Édouard, dit la jeune femme ; j'ai la superstition des cartes...

— Ce n'est pas une superstition, dit Édouard, c'est une religion. Apportez des cartes, nous allons attraper l'avenir.

Augusta fit un signe aux domestiques ; on ôta la nappe, qui fut remplacée par un châle boîteux, et l'habile Édouard commença la cérémonie, à la grande joie de tous.

Résumant tous les incidents de la conjuration magique, le devin prononça d'un ton solennel ces paroles :

— Vous avez une traîtresse blonde représentée par la dame de carreau, qui veut contrarier votre début dramatique, mais vous obtiendrez un triomphe dans la maison, comme l'atteste l'as de cœur. Le dix de pique annonce les larmes qui seront versées sur vos malheurs du quatrième acte. Vous aurez donc ce qu'on appelle un succès de larmes, le plus beau de tous les succès, car le public, en sortant de table, demande à pleurer pendant deux actes au moins ; c'est son bonheur. Le dix de trèfle prédit un succès d'argent, qui sera suivi d'un procès, comme le prouve cet homme de loi, représenté par le roi de carreau, mais vous gagnerez votre procès, ainsi que l'affirme le huit de trèfle, dont l'oracle a été infaillible jusqu'à ce jour. Messieurs, je bois à la santé du roi de carreau !

— Je bois avec d'autant plus de plaisir à la santé de ce roi, que l'autre soir, chez l'ambassadeur, il m'a fait gagner un *banco* de cent louis.

— Monsieur Édouard, dit Augusta, je vous remercie de votre horoscope. Vous m'avez donné du courage et je ne redoute plus mon début.

— Si nous taillions maintenant un petit lansquenet de famille? dit le convive du *banco* de cent louis.

— Si cela peut amuser ces messieurs, je le veux bien, dit Augusta.

— Mais, s'écria Édouard en frappant la table, mais à condition que la première mise ne sera que de cinquante centimes, et que le plus fort *banco* ne dépassera jamais cinq francs.

— Oui! oui! dirent plusieurs voix; c'est convenu.

Et le jeu commença dans toute l'innocence de ce point de départ.

Toutes les fois qu'un des convives voulait s'écarter du programme consenti par tous, Édouard le rappelait aux principes du jeu, et il recevait une félicitation d'Augusta.

Cependant, on a beau débuter avec modestie dans un jeu quelconque, il se rencontre bientôt infailliblement des joueurs qui perdent une somme de quelque valeur. Édouard le savait bien. Un des perdants viola le programme et déposa résolument sur le tapis une première mise inconstitutionnelle, en disant : *Tout va à la pièce.*

Édouard feignit une profonde irritation et s'écria :

— Messieurs, nous violons le programme.

— Bah ! s'écria un autre, les programmes ne sont faits que pour être violés.

— Messieurs, dit Augusta, les allusions politiques sont interdites.

A la faveur de ces deux plaisanteries, le jeu prenait des proportions effrayantes; en vain la maîtresse de la maison, qui parlait sérieusement, et l'habile Édouard de Gentabrun, qui parlait perfidement, firent-ils des efforts combinés pour arrêter cette marche ascendante des *bancos,* les oreilles étourdies par le champagne n'écoutaient plus, et Maurice, plus révolté que les autres, après avoir cherché dans les recoins de sa bourse une dernière pièce absente, se lançait dans la voie aventureuse et infinie du jeu sur parole et ne reculait devant rien.

Édouard de Gentabrun, seul resté calme au milieu de cette orgie aléatoire, se donna bientôt l'air d'un homme qui se laisse entraîner par l'ivresse générale, et déchira lui-même le dernier lambeau du programme qu'il avait écrit. Au reste, le moment des récriminations était passé ; la fièvre du jeu avait supprimé les phrases oiseuses et les allusions politiques; on ne parlait que la langue du lansquenet ; on n'écoutait que les formules techniques du sacrifice; on ne regardait que le flux et reflux des cartes peintes, les cascades d'or et d'argent, les billets de banque roulés en chiffons, et dissimulant leur valeur. La belle Augusta, dévastée par le fléau enivrant, n'obtenait pas même un regard adorateur, avec sa chevelure ruisselante, sa figure aux reflets de pourpre, ses épaules et ses bras nus, où l'ivoire prenait les teintes de la flamme. Le jeu avait emporté toutes les autres passions, et lui, passion égoïste, jalouse, souveraine, il régnait seul sur son trône qui est une table sous un tapis.

Un formidable duel venait de s'engager comme par hasard, entre Maurice et l'auteur du programme, l'habile Édouard de Gentabrun. Comme dans les combats d'Homère, tous les joueurs s'étaient arrêtés pour suivre de l'œil les prouesses des deux champions, le *banco* s'élevait à cent louis. Édouard tenait les cartes et Maurice s'acharnait à la poursuite de son dernier coup victorieux, qui n'arrivait pas, c'était le spectre fugitif, l'ombre vaine que Shakespeare, l'homme de toutes les prévisions, a nommée *banco* dans *Macbeth*. A chaque triomphe, Édouard secouait mélancoliquement la tête, et disait : Est-il possible, un jeu commencé à cinquante centimes ! Maurice n'écoutait plus ; il suivait en aveugle la funeste obsession du délire, il arrivait, par échelons rapides, au maximum insolvable de quinze cents louis. Édouard *passa la main.*

— *Je la prends* ! dit Maurice.

Et saisissant un tronçon de sixian, il dit d'une voix sourde :

— Allons, messieurs, il y a quinze cents louis.

— Où sont-ils ? demanda une voix ironique.

— Ils sont sur ma parole, répondit Maurice.

— Rendez-les visibles, dit la même voix.

— Comment ! s'écria Maurice, personne ne me fait *banco*.

Silence général.

Maurice jeta brusquement les cartes sur la table et dit :

— C'est bien ! monsieur Édouard de Gentabrun, je vous dois quinze cents louis.

— Je les attends, répondit froidement le vainqueur.

— Parbleu ! s'écria Maurice on n'a pas quinze cents louis dans sa poche.

— On doit les avoir, si on les joue, remarqua Édouard froidement.

Maurice n'avait rien à répliquer à cette maxime : il se leva, prit congé de la maî-

de la maison, salua la société joyeuse et sortit.

Maurice en habits de noce se retrouva sur le boulevard avant deux heures du matin; quelques voitures stationnaient, au coin de la rue Grange-Batelière, et les cochers appelaient ce passant, dont le gaz trahissait l'opulence, et qui paraissait en proie à une vive agitation.

A force d'entendre retentir à son oreille ces mots provocateurs : *Monsieur, une voiture* ! Maurice s'arrêta devant une citadine, dont la portière s'ouvrit aussitôt. Après quelque hésitation, il sauta par dessus le marche-pied et entra. Le cocher avança la tête dans l'intérieur, pour recevoir un ordre et une destination : l'ordre n'arrivait point.

Maurice était absorbé dans ses réflexions, et, flottant entre divers partis à prendre, il ne savait à quoi se déterminer.

Enfin il se décida au bout d'un quart-d'heure, en entendant la voix pressante du cocher qui lui disait : Eh bien ! monsieur, partons-nous !

Les cochers de la nuit ne sont pas polis comme ceux du jour; cela se conçoit, ils sont tous somnambules.

— A Bougival ! dit Maurice.

— A Bougival ! répéta le cocher, je ne connais pas ce quartier.

— Prenez la route de Saint-Germain.

— Du faubourg ?

— De la ville, vous dis-je, et allez bon train, je vous donnerai un pour-boire de cinq francs.

— J'en suis bien fâché, monsieur, mais

mon cheval est sur le flanc; il a travaillé tout le jour, et nous attendions lui et moi, une dernière course de nuit dans le voisinage, pour aller nous coucher.

— Eh bien ! j'en trouverai un autre, dit Maurice en se levant pour sortir.

— Mais vous me paierez ma course ?

— Quelle course? demanda Maurice.

— Eh ! monsieur, voilà une demi-heure que nous sommes arrêtés !

— Et vous appelez cela une course ?

— Je crois bien, les courses de nuit ne sont jamais longues. Ces messieurs et ces dames qui sortent des restaurants après minuit demeurent tous rue Vivienne ou rue Saint-Lazare : je fais donc quatre courses par heure, et à trois francs. Dame! nous connaissons le métier ! Les joueurs qui ont perdu rentrent à pied chez eux;

il n'y a donc que les joueurs heureux qui prennent une voiture et ceux-là paient bien.

Maurice entendait des murmures sourds et menaçants sur le pavé de la station, et redoutant une émeute de cochers nocturnes, il prit une sage détermination. Se trouvant dans la même position que le joueur de Regnard, qui n'avait pas *un sou pour acheter un licou*, il indiqua le domicile d'Augusta, avec l'intention de contracter un léger emprunt, qui lui permettrait de payer une course hors barrières et d'atteindre Bougival, même avec un cheval et un cocher endormis.

Le numéro indiqué, la voiture partit avec une rapidité inconnue des voitures du jour. Cette citadine se fit wagon. Le cocher avait hâte de revenir prendre son rang de file à l'*avançage* du boulevard.

Les vitres de l'appartement d'Augusta rayonnaient encore sur la rue, ce qui démontra au malheureux joueur que la partie continuait toujours. Il sonna d'une main timide; on ouvrit. Il monta d'un pas de fantôme, et à l'antichambre il fit demander mystérieusement mademoiselle Augusta.

La jeune femme arriva et prêta à Maurice le dernier louis que le lansquenet dévorant lui avait laissé.

— Vous venez de faire une sottise abominable, lui dit-elle, et j'en ai la fièvre pour vous.

— Joue-t-on encore? demanda Maurice.

— Belle demande! on jouera jusqu'à midi, jusqu'à ce soir peut-être. On attendra vos quinze cents louis. Vous êtes parti sans laisser votre adresse. C'est une dette d'honneur.

— Mon Dieu ! mon Dieu ! dit Maurice en dévastant ses cheveux avec des doigts convulsifs, je n'ai pas une minute à perdre ! adieu !

VIII.

UNE NUIT DE NOCES.

Tous les parents de madame Aubigny, invités au mariage de Clémence, s'étaient retirés, à minuit, dans les appartements qu'on leur avait préparés au château. Les deux époux savouraient la fraîcheur d'une soirée charmante, sur la terrasse, et Lecerf ayant mis la conversation sur l'astronomie et le livre des *Mondes* de Fontenelle paraissait absorbé dans les réflexions émouvantes que donne le spectacle d'une nuit de la fin de juin.

— Le jour, disait Lecerf, est comme une femme blonde, la nuit est comme une femme brune. Ce mot, chère Clémence, n'est pas de moi ; je voudrais bien l'avoir inventé ; il est de Fontenelle.

Ce spirituel savant passait toutes ses nuits, en été, dans le parc de la marquise de Valbreuse, qui était brune comme la nuit. Fontenelle avait alors trente-cinq ans, l'âge des austères passions ; madame de Valbreuse en avait vingt-quatre. Leurs entretiens roulaient sur les étoiles et ne s'écartaient jamais de là. Fontenelle ne comprenait point que les hommes fussent assez fous pour laisser passer sur leurs têtes toutes ces merveilles radieuses et nocturnes, sans leur donner des regards sublimes qui se prolongeaient jusqu'au jour. En été, le sommeil est une véritable insulte faite à l'œuvre céleste de Dieu. Ceux qui ne sont pas soumis aux dures obligations du travail quotidien doivent veiller toute la nuit, pour chanter l'hymne religieux de l'admiration aux splendeurs de ce firmament étoilé.

Clémence écoutait son mari avec une soumission respectueuse, comme une femme qui sort de la mairie et de l'église, sous la récente impression de la lecture de l'article du Code et de l'homélie de l'autel. Au reste, la jeune épouse du jour était ravie, à cause de ses goûts, d'entendre son mari s'abandonnant à cet enthousiasme astronomique, qu'elle prenait au sérieux, car rien de grave et d'inspiré comme le visage, l'accent, le maintien de Lecerf dans ces moments difficiles. Il ne venait pas même à l'esprit de Clémence le hasard de penser qu'on se mariait tout exprès dans le but unique de causer astronomie sur la terrasse d'un château, et que les frivolités des nuits nuptiales étaient abandonnées comme sonsolation aux pauvres gens qui sont obligés de se lever avec le soleil pour répondre aux exigences du travail.

Lecerf était superbe, et à chaque regard qu'il lançait malgré lui, et par politesse, sur le visage de sa femme, il commençait une théorie nouvelle sur les systèmes de Leibnitz, de Bernouilli, de Kepler, de Fontenelle, de Newton, de Humboldt. Il proposa même à Clémence d'admettre les *tourbillons* de Descartes pour vivre en bonne intelligence conjugale; et la jeune femme se rallia tout de suite à ce système, avec une touchante résignation qui faillit lui mériter la première caresse de son mari. L'enthousiasme toujours croissant de Lecerf suspendit cette expansion. Le jeune homme s'éleva jusqu'aux *soleils doubles* inventés par Humbolt, et parla ensuite des successions infinies des voies lactées ; d'éclipses continuelles que jouent ensemble les lunes de Jupiter; de l'anneau de Saturne, lune immense qui cercle un monde; des comètes qui désertent leur tourbillon natal pour faire une trouée chez le voisin, et rentrent chez elles ensuite, après avoir prédit une catastrophe politique, comme un journal échevelé ; enfin résumant le *Cosmos*, livre qui donne l'inventaire des richesses de Dieu, il se plongea dans les abîmes de l'infini, et fit pleuvoir, comme Humboldt, des cataractes de mondes sur nos têtes, déjà trop faibles pour porter un chapeau.

En attendant, la nuit marchait, et une teinte d'opale éclaircissait la zône de l'orient. Un incident vulgaire et fort terrestre suspendit la première leçon d'astronomie conjugale. On entendit tinter la sonnette à la grille du château.

— Voici bien ce triste monde ! dit Lecerf ; il y a, dans ce simple coup de sonnette, tout un cours de philosophie. Nous tombons du ciel dans la réalité humaine et bourgeoise !

— Mais qui peut sonner à cette heure?

demanda Clémence avec une sorte d'effroi.

— Qu'importe le sonneur? dit Lecerf; le mal est fait... Cependant, il faut aller voir. C'est peut-être un accident du chemin de fer de Rouen, et on vient demander du secours.

— C'est très-possible! dit la la jeune femme; même ce ne doit être que cela. Courons à la grile.

— Oui, chère Clémence, je reconnais là votre bonté de femme. Allons secourir des malheureux.

Lecerf et sa femme attirés par un second coup de sonnette, plus fort que le premier, traversèrent rapidement l'allée, et Clémence poussa un cri de joie en reconnaissant Maurice son cousin.

— Nous l'avons deviné! s'écria-t-elle,

c'est un malheur! mon cousin allait au Hâvre.

— Oui, oui, c'est un malheur! dit Maurice en refermant la grille, que Lecerf venait d'ouvrir.

— Vous n'êtes pas blessé? demanda vivement Clémence.

— Je suis très-blessé, répondit Maurice, et je viens ici chercher des médecins.

Alors, le jeune homme raconta la déplorable histoire de sa nuit.

— Que Dieu soit béni! dit Clémence, ce malheur n'est rien!

— Ce n'est rien du tout, ajouta Lecerf; ces blessures-là, on les guérit aisément.

— Oui, observa Maurice, mais il faut les guérir tout de suite ; le lendemain elles vous donnent la gangrène du déshonneur.

— C'est vrai, dit Clémence, et nous les

guérirons tout de suite, si mon mari le permet.

— Ma chère amie, dit Lecerf, notre mariage commencera par une bonne action et la plus belle des nuits.

— Attendez-moi un instant, ajouta Clémence. Et elle partit légère comme la gazelle qui court à l'abreuvoir. Cette robe blanche qui s'agitait gracieusement dans l'ombre nocturne de l'allée, emportant avec elle la pensée d'une bonne action, obtint un regard amical de Lecerf. C'était le premier. L'élève de Rousselin s'étonna lui-même en découvrant au fond de son âme un sentiment de bienveillance; mais cette réflexion fut rapide comme l'éclair; car il fallait écouter Maurice qui éprouvait le besoin de raconter une seconde fois tous les détails de sa triste campagne du lansquenet.

Lorsque Clémence arriva, les premières lueurs de l'aurore perçaient les feuilles des arbres, et Lecerf éprouva un nouveau saisissement, en revoyant cette figure sur laquelle la beauté de l'âme venait de faire irruption. La jeune femme dit à son cousin, d'une voix mélodieuse et consolante comme la voix de la Providence :

— Voici, Maurice, mes économies de jeune fille ; mon mari les connaît déjà ; voici le remède de vos blessures. Allez vous rendre votre bonheur.

Maurice tomba aux pieds de Clémence, et baisa la frange de sa robe de mariée. Lecerf ressentit une troisième émotion, et cette fois il s'en effraya, car il lui semblait que les yeux terribles de Rousselin étincelaient à travers les arbres, et suivaient tous ses mouvements.

Mais ce n'était qu'un bien faible rayon qui traversait un cœur dépravé. Lecerf se rendit bientôt justice à lui-même; il fut honteux de trois éclairs de faiblesse et se promit énergiquement de se corriger de sa vertu.

— Mon cher cousin Maurice, dit-il, vous ne devez plus revoir ces gens-là, ni ces hommes, ni cette femme...

— Et pour payer ma dette? interrompit Maurice.

— Laissez-moi parler jusqu'au bout, continua gravement Lecerf; ce n'est pas vous qui devez les payer, je les paierai, moi, et je leur ferai une leçon dont ils garderont bon souvenir. Vous n'avez pas le droit de leur faire cette leçon, vous,

Maurice, vous êtes aussi coupable qu'eux : excusez la sévérité de ma franchise, je vous parle comme un père en ce moment.

—Mon mari a raison, dit Clémence avec douceur ; personne n'a le droit de gagner avec des cartes quinze cents louis en quinze minutes, et comme il n'y a pas de justice pour punir ces choses, il faut au moins accompagner ce paiement injuste d'une bonne et sévère leçon.

— Ainsi donc, ma chère amie, dit Lecerf, vous permettez que je vous quitte quelques heures pour m'acquitter d'un devoir sacré de famille ?

— Allez, mon ami, répondit Clémence, en prenant timidement la main de Lecerf ; et surtout que ma mère ne sache rien de tout cela. C'est un secret entre nous trois.

— Oh ! oui ! dit Maurice avec chaleur, que ma tante et ma famille ignorent ma faute, au nom du Ciel !

— Êtes-vous venu à pied? demanda Lecerf à Maurice.

— Non pas, j'ai pris une petite voiture de place, qui m'attend sur la route, à cinq cents pas d'ici.

— Ma chère amie, dit Lecerf en effleurant de ses lèvres l'oreille de Clémence, adieu ! nous nous reverrons bientôt.

Lorsque Lecerf et Maurice montèrent en voiture, le premier reprit son air grave et dit :

— Mon cher cousin, vous nous avez raconté, tout-à-l'heure, les détails qui ont accompagné votre perte au jeu ; mais, à coup sûr, vous n'avez dit que ce que vous avez cru être très-essentiel. Maintenant, moi, je vous demande davantage : rentrez bien dans vos souvenirs les plus minutieux ; précisez jusqu'aux moindres incidents de cette soirée ; n'oubliez rien, pas un geste, pas un mouvement, pas un signe, pas un accident. J'écoute : commencez.

Alors Maurice reprit son histoire à l'origine, et raconta même un incident qu'il avait jugé de peu d'importance : l'horoscope des cartes, si adroitement imaginé par Édouard comme transition naturelle pour arriver au lansquenet.

Lecerf ne fit paraître sur son visage aucune surprise, aucune émotion ; il se contenta de dire froidement : C'est bien ! lorsque Maurice eut terminé la seconde édition revue et augmentée de ses malheurs aléatoires.

Le soleil se levait lorsqu'ils arrivèrent à Paris. Lecerf muni de la boîte qui contenait les quinze cents louis, se sépara de Maurice en lui disant :

— Je ne sais trop si la besogne que je vais faire me prendra cinq minutes ou cinq heures. Je vous donne rendez-vous à midi dans le passage des Panoramas.

Lecerf marchait du pas résolu d'un homme qui tient son plan arrêté dans sa tête. La porte de la maison d'Augusta était ouverte, et à la faveur du silence du matin, on entendait un cliquetis argentin qui s'échappait d'une serrure en révélant à l'escalier des secrets d'intérieur. A l'antichambre, Lecerf cambra fièrement son torse, et dit au domestique d'annoncer M. Lecerf, cousin de M. Maurice d'Aubigny.

Un instant après il entrait dans le salon et saluait avec une politesse froide tout ce monde de joueurs, et la maîtresse du lansquenet.

— Madame, dit-il, je viens remplir un devoir d'honneur, je viens payer la dette de mon cousin Maurice Aubigny.

En disant cela, Lecerf semblait porter avec lui quelque chose d'effrayant; sa voix était sèche, son œil vif, et sa lèvre supérieure toute prête au sarcasme s'agitait insolemment sur chaque mot.

Augusta, qui le matin même avait répété au théâtre une scène de drame à peu près semblable, prit sa douce voix et son regard le mieux ciselé par la grâce, et dit à Lecerf:

— Vraiment, monsieur, vous nous voyez tous ici désolés de cette perte; votre cousin s'est acharné contre le malheur, malgré mes avertissements. On lui a fait un jeu superbe ; on lui a donné revanche sur revanche, pour se racquitter avec lui... Veuillez bien vous asseoir un instant, monsieur Lecerf... ici, à côté de moi, je vous expliquerai comment la chose s'est passée... Nous n'avons absolument rien à nous reprocher.

Augusta, en ce moment, avait ce genre de beauté que l'enfer invente pour les tentations lorsqu'il habille un péché mortel en femme et l'envoie sur la terre accomplir un œuvre d'iniquité. Les émotions violentes du jeu avaient dénoué le corsage de la jeune actrice et embrasé son épiderme, où on voyait luire les perles d'une ardente sueur. La séduction se personnifiait en elle, et l'homme qui sortait des calmes abris de la campagne, et tombait tout-à-coup devant cette formidable divinité des villes, courait un danger que devait suivre plus d'un lendemain.

Lecerf obéit au signe d'Augusta, et vint s'asseoir à côté d'elle. Le jeu fut suspendu. On entonna en chœur l'éloge de Maurice Aubigny ; chaque joueur raconta des anecdotes de lansquenet, analogues à la circonstance.

Lecerf paraissait tout écouter avec plaisir, mais ses yeux ne perdaient pas un seul des mouvements d'Augusta, et cette femme lui faisait même oublier le plan arrêté le matin.

Les heures s'écoulaient, et Lecerf ne pouvait se décider à exécuter la mission qu'il s'était donnée. Augusta, d'abord effrayée de l'intervention de ce cousin, puis rassurée en voyant l'effet de ses charmes, fut ravissante de grâce et d'esprit; elle atteignit l'idéal de la femme; elle matérialisa le rêve des amoureux exigeants. Lecerf tomba dans ce piége de mousseline, et faisant un effort énergique, il crut se vaincre en fuyant. Ses pieds emportaient un chaînon.

— Monsieur, dit-il à Édouard, veuillez bien m'accompagner chez moi, et je vous paierai la dette de mon cousin. Madame me permettra de prendre congé d'elle pour m'acquitter de mon devoir. Les dettes de jeu doivent être payées avant midi.

— C'est admirable! dit Augusta en tendant une main familière à Lecerf, j'espère que nous nous reverrons dans un jour plus heureux pour tous.

— Je l'espère bien aussi, dit Lecerf en serrant la main d'Augusta.

Lecerf et Édouard de Gentabrun descendirent, le premier n'écoutant pas les paroles que disait le second pour justifier son gain trop fabuleux.

Sur la place de la Bourse, Lecerf s'arrêta devant une voiture et dit à Édouard:

— Ma maison est fort éloignée; veuillez bien payer une course de moitié avec moi.

Édouard monta, et Lecerf donna tout bas une adresse à l'oreille du cocher.

La voiture traversa la rue Vivienne, prit à gauche la rue Neuve-des-Petits-Champs, et gagna le quai de l'École par la rue de l'Arbre-Sec; puis elle suivit la rivière jusqu'au Pont-au-Change, et s'arrêta devant le Palais de Justice.

— Descendons dit sèchement Lecerf.

— Vous demeurez ici, monsieur Lecerf? demanda Édouard d'un air de stupéfaction.

— Oui.

On descendit. Lecerf prit le bras de son compagnon, et lui fit monter le grand escalier du Palais, cet escalier usé par tant de pieds criminels. Une pâleur affreuse couvrit le visage d'Édouard, il fit un brusque mouvement rétrograde, et Lecerf lui adressant un sourire d'ironie superbe, dit :

— C'est la justice qui demeure ici, et vous le savez bien, monsieur, puisque votre pâleur et votre effroi vous trahissent.

— Monsieur, dit Édouard d'une voix tremblante qui s'efforçait d'être digne, ne croyez pas vous acquitter ainsi d'une dette sacrée. Vous me rendrez raison de cette insulte.

— Taisez-vous ! lui dit Lecerf avec un rire de démon. Vous êtes un voleur. Je sais tout. Venez gagner ici cinq ans de prison, tireur d'horoscope, et quand vous aurez fait votre temps, nous nous battrons, et je vous tuerai : êtes-vous content ?

Et Lecerf, par une étreinte vigoureuse de son bras, entraînait Édouard vers les marches supérieures de l'escalier de Thémis.

Etait-ce une feinte, un jeu, une chose sérieuse ? Édouard n'avait pas le temps de résoudre ce brûlant problème ; il s'arrêta sur la dernière marche et dit d'une voix suppliante :

— Au nom du Ciel, monsieur, ne me perdez pas !

Lecerf parut s'attendrir et réfléchir une minute, puis, comme s'il eût obéi à un bon mouvement de commisération :

— Avez-vous encore votre mère ? dit-il d'un ton habilement attendri.

— Oui, monsieur.

— Malheureux jeune homme ! que seriez-vous devenu, dites, si vous fussiez tombé entre les mains d'un homme inexorable ?... Venez, suivez-moi, et tâchez d'êmoins pâle, de peur de trahir votre crime, dans cette salle peuplée de tant d'experts et de connaisseurs.

Il entrèrent dans un bureau de rédaction *où l'on écrit soi-même*, et Lecerf rédigea un reçu ainsi formulé :

« J'ai reçu de M. Lecerf la somme de

» trente mille francs, que son cousin Mau-
» rice Aubigny a perdus en jouant avec
» moi.

« Paris, etc. »

— Copiez cela proprement, dit Lecerf, mettez la date, et signez.

Édouard poussa un soupir et obéit.

— Maintenant, ajouta Lecerf, je lis dans votre pensée : devant vos amis, vous êtes censé avoir reçu quinze cents louis, et il faudra bien justifier la possession de cette somme, en affichant, au moins pendant quelques jours, le luxe des joueurs heureux.

Édouard fit un geste d'adhésion.

— Eh bien ! moi, poursuivit Lecerf, malgré votre indignité, je ne veux pas être envers vous généreux à demi... voilà cent louis ! Ceux-là sont légitiment gagnés ; je vous les donne.

Édouard, avant de prendre, hésita de l'air d'un homme méfiant qui redoute une mauvaise plaisanterie ; puis, jugeant l'offre sérieusement faite, il accepta, et le contact de l'or lui donna des frissons de volupté aléatoire.

— Et, pour toute condition, ajouta Lecerf, j'exige une seule chose de vous.

— Laquelle, monsieur ? je la subirai.

— Vous ne reverrez plus mademoiselle Augusta.

— Je le promets sur l'honneur.

— Non, promettez-le-moi tout simplement, et laissez l'honneur où il est, puisqu'il n'est pas chez vous. Si vous violez votre promesse, je saurai bien vous retrouver. Adieu, monsieur du lansquenet !

Lecerf remonta seul en voiture, et rejoignit bientôt Maurice Aubigny.

— Mon cousin, lui dit-il, la leçon a été bonne, et j'espère qu'elle lui profitera. Je lui ai fait un discours qui a duré deux heures, et en pleine rue. Tout ce qu'on peut dire sur le jeu et les joueurs, je l'ai dit ; il m'a écouté avec beaucoup de respect et d'attention ; d'abord, parce qu'au fond je le crois un honnête jeune homme ; ensuite, parce qu'il y avait quinze cents louis au bout de mon discours... Voilà son reçu écrit et signé de sa main ! Lisez, Maurice.

— Ah ! vous avez exigé un reçu ! voilà une chose que j'aurais oubliée, moi, étourdi !

— Un reçu en règle, comme vous voyez, Maurice; mais j'ai eu une idée morale en exigeant ce reçu : j'ai voulu qu'il vous servît de leçon toute votre vie. Ce reçu est le souvenir d'une première folie, et le préservatif d'une seconde. Chaque matin, vous le lirez avant votre journal, et chaque soir vous le relirez pour vous raffermir dans vos bonnes résolutions.

— Vous pouvez y compter, mon cher cousin, dit Maurice en serrant la main de Lecerf, vraiment, vous êtes pour moi un second père.

— Voici maintenant, mon cher cousin Maurice, voici mon dernier conseil, je ne veux pas dire mon dernier ordre : vous ne reverrez plus cette femme.

— Augusta ? interrompit vivement Maurice, mais elle a été désolée de mon malheur ! Mais elle aurait vendu ses diamants pour payer ma dette !

— Je veux bien le croire, Maurice ; n'importe, Maurice ; il ne faut plus revoir Augusta. C'est une femme dangereuse ; tout le monde le dit. En continuant de la voir, vous vous exposez à une seconde fofolie, pire que la première, croyez-le bien !

J'essaierai de ne plus la voir, dit Maurice d'une voix sourde.

— Vous ne la verrez plus, répliqua Lecerf d'un ton décidé qui fit tressaillir Maurice.

Le jeune homme s'inclina comme un fils à la voix d'un père respecté.

En causant ainsi, ils étaient arrivés au coin des rues d'Amsterdam et Saint-Lazare. Et maintenant, dit Lecerf, prenons le chemin de fer et allons rassurer votre excellente cousine, à laquelle vous avez donné une si mauvaise nuit.

— C'est vrai ! dit Maurice en essuyant deux larmes.

Lecerf, avec cette bonne action, avait gagné vingt-huit mille francs la première nuit de ses noces, et il était impatient d'ensevelir tout cet or monnayé dans la cave la plus discrète du château.

IX.

LES CATACOMBES.

Dans les divers éléments d'agitation qui fermentent au sein du corps social (style politique), on peut compter sans paradoxe les mariages mal assortis. Aucune époque ne fut plus féconde en hyménées de ce genre que le règne des intérêts matétiels. De 1840 à 1848, un mariage était une affaire, on le cotait à la Bourse ; une héritière était un lot numéroté ; l'antique Amour faisait élection de domicile chez un tabellion ; un contrat timbré remplaçait l'épithalame, et la lune rousse, la lune de miel : l'homme qui avait épousé une bonne affaire rentrait dans la chambre nuptiale avec une idée fixe, celle d'acheter le lendemain des actions de chemins de fer ou des terrains à bâtir. La femme attendait de galants propos et des refrains de romance ; on lui chantait la cote des fonds publics et du chemin du Nord. De là froideur, trouble, mésintelligence, ennui dans le foyer domestique. Puis la richesse ne donnait pas ce qu'elle avait promis. Les regrets arrivaient avec un cortége de récriminations et de reproches; une espèce de divorce moral s'établissait dans le code domestique ; on traçait des frontières sur le tapis d'une chambre ; on demandait à grands cris une réforme, et la place publique servit d'écho en 1848.

L'histoire des mariages mal assortis, si elle était faite, compterait des milliers de volumes ; elle formerait dans les villes une bibliothèque spéciale dirigée par un conservateur célibataire, et serait plus utile à l'humanité que toutes les histoires qui encombrent les obscurs rayons de la rue Richelieu, et dans lesquelles on retrouve à chaque page l'éternelle répétition de batailles gagnées ou perdues pour deux pouces de terre ou de neige vers le Nord.

Aucun de ces mariages inédits ne ressemblerait pourtant à celui de Lecerf et de Clémence Aubigny ; les variétés sont innombrables dans l'ordre moral et physique. Deux gouttes d'eau, malgré le proverbe, ne se ressemblent qu'en apparence ; vues au microscope solaire, l'une est un lac où nagent des monstres antédiluviens ; l'autre un bassin où folâtrent des dauphins d'azur. La nature ne se copie jamais ; elle a horreur du plagiat commis sur ses propres œuvres ; elle invente toujours en créant ; elle donne à chaque homme, à chaque femme un caractère et une physionomie qui ne sont jamais ceux d'un autre, n'en déplaise aux classificateurs absolus des généralités.

Rien n'est plus triste à voir dans son intérieur, qu'un mariage mal assorti, que cette association de deux êtres destinés à se haïr par la faute de leur origine, et à traverser la vie avec la perspective continuelle d'un lendemain toujours pire que la veille. Il n'y a pour eux ni soleil, ni fleurs, ni verdure, ni poésie, ni joie, ni sérénité. Tout est ténèbres sous leurs lambris domestiques; tout est plainte dans leurs entretiens du jour; tout est silence dans leurs entretiens du soir, à l'heure où commence le divorce éternel de la nuit. Chacun d'eux semble garder au fond du cœur un désir horrible, et demander à un veuvage précoce une seconde naissance, une vie nouvelle, une résurrection. Eh bien ! malgré tant d'instructifs antécédents, l'orgueil, l'ambition, l'étourderie, la sottise, représentés par des parents aveugles, continuent de prendre une main de jeune fille, pour la placer dans la griffe d'un homme, sans examiner tout ce que l'avenir leur réserve de fatal et d'inévitable, lorsqu'on a négligé l'étude des caractères, des goûts, des défauts, des qualités qu'un maire d'arrondissement associe pour toujours avec un article du code civil.

Ces reproches ne peuvent s'adresser à la bonne madame Aubigny; le mariage de sa fille est une variété de l'espèce, et la faute n'en retombe point sur la tête de la mère : des combinaisons infernales ont déterminé ce mariage, et toutes les mères auraient donné leurs filles à Lecerf, comme tous les pieds glissent dans un piège bien dressé.

Ce mariage était à peine âgé de quelques jours, et déjà les tristes entretiens avaient commencé entre madame Aubigny et sa fille. Presque toujours Clémence ne répondait que par des pleurs aux interrogations délicates de sa mère, et lorsqu'elle répondait avec des paroles, la mère regrettait le silence des pleurs. Le luxe qui entourait ces funèbres scènes d'intérieur brillait d'une ironie poignante; c'était comme le magnifique cadre d'or donné par un roi au chef-d'œuvre de Gérard-Dow ; l'œil ébloui en quittant la bordure, rencontre sur la toile une mère qui souffre et une fille qui pleure. L'or n'encadre souvent que la désolation.

Pourtant Lecerf, conseillé par Rousselin et par sa propre finesse, était trop adroit pour afficher subitement un de ces caractères qui annoncent, le premier jour à une femme, toute une vie de malheur.

Lecerf se montrait après le mariage tel qu'il était avant. Un soir il dit à sa femme :

— Ma chère amie, je vous annonce une heureuse nouvelle. Le ministre, ayant égard à mes travaux historiques, m'a nommé vice-président de la commission de la Sainte-Chapelle. On va restaurer ce petit chef-d'œuvre d'architecture, bâti par Louis IX, que vous aimez tant. C'est à cause de vous que j'ai accepté une fonction purement honorifique et qui va me prendre tous mes loisirs. Cette commission est en grande partie composée d'artistes, peintres et sculpteurs, tous fort occupés pendant le jour. Aussi, nous nous rassemblons à onze heures du soir et nos travaux peuvent se prolonger dans la nuit.

A la faveur de cette excuse fabuleusement historique, Lecerf était devenu à peu près invisible au château. Clémence avait changé de nom et n'avait pas changé d'état.

Les hauteurs donnent le vertige ; mais il y a une hauteur qui dépasse de mille coudées le pic des Cordilières et le sommet des monts Himalaya : c'est le piédestal que met sous le pied d'un homme une fortune subite. Du haut de ses rouleaux d'or, le riche de la veille regarde le monde au-dessous de lui, à des profondeurs infinies ; sa tête tourne comme sur un pivot, et chasse par les oreilles la raison, la prudence et le bon sens. Voilà un accident physiologique, un phénomène moral que toute la sagacité de Rousselin n'avait pas prévu. Au bout de quelques jours, Lecerf se lassa de son rôle de Télémaque, et il poussa, quoique timidement, le premier cri d'indépendance contre son Mentor des Catacombes.

Les mauvaises associations ne durent pas après le succès.

Rousselin devina tout de suite la pensée de Lecerf; il comprit que ce jeune homme soupirait après son affranchissement et ne demandait pas mieux que de garder pour lui seul le bénéfice indivisible de l'association. Quand ce soupçon s'éleva jusqu'à la certitude, Rousselin dissimula sa terrible colère, et, prenant le ton d'un homme qui ne se doute d'aucun changement, il dit à Lecerf :

— Il est temps, mon ami, d'exploiter notre fortune. Je sais bien qu'un mari ne peut pas manger tout de suite la dot de sa femme, cela viendra, j'espère, mais, en attendant, il faut nous enrichir par ton crédit.

— Voyons, dit Lecerf d'un air distrait.

— Il s'agit de gagner un million en vingt-quatre heures.

— Comment?

— Oh! par un procédé bien simple, en achetant une bonne portion des terrains de l'ancien Tivoli. C'est une affaire d'or. Il s'agit seulement de payer comptant tous les frais de mutation. Cette vente fera un bruit d'enfer à la Bourse. Tous les capitalistes seront en émoi, le prix des terrains triplera en vingt-quatre heures, et nous revendrons le lendemain. J'en connais cent qui se sont enrichis de cette façon... Eh bien ! mon petit Lecerf, que dis-tu de cette idée?

La scène se passait dans la galerie déserte du passage des Panoramas, celle de l'horloge, on la choisit ordinairement, quand on cherche la solitude en plein Paris.

Lecerf prononçait des monosyllabes et chassait du bout de sa botte vernie une chose qui n'existait pas.

C'était un refus.

Rousselin comprima le démon qui brûlait intérieurement sa poitrine, et souriant au naturel, il se contenta de dire :

— Allons, Lecerf, je vois que cette affaire ne te convient pas; j'en chercherai une meilleure; c'est dire que je la trouverai.

— Vous comprenez... que.... balbutia Lecerf.

— Je comprends, interrompit Rousselin, que cette affaire n'est pas à ta guise. N'en parlons plus.

— Vous voyez, Rousselin, dit Lecerf, que je suis occupé en ce moment.

— Occupé de quoi ?

— Eh ! de cette femme !

— De la tienne ?

— Allons donc ! d'Augusta.

— Me présenteras-tu chez elle ?

— Oh ! Rousselin, ceci est une passion sérieuse, ne plaisantons pas.

— Une passion sérieuse, dit Rousselin avec un éclat de rire. Lecerf ! Lecerf ! tu oublies nos conventions, une femme qu'on aime sérieusement nous arrache nos secrets. Samson, tu oublies Dalila !

— Mais vous qui parlez ainsi, Rousselin, vous aimez sérieusement Célestine Desglajeux.

— Oui, mais elle me déteste cordialement, il n'y a pas de danger, et puis, je suis plus fort que toi contre les chatteries d'une femme. Ma bouche ne dit que ce qu'elle veut dire.

— Vraiment, Rousselin, dit Lecerf avec un ton d'impatience, vous me donnez d'étranges rôles à remplir. Vous me faites épouser une femme qui est le beau idéal de la laideur, et vous vous étonnez ensuite de me voir chercher, comme l'enfant, le nectar après le fiel ! Il y a des moments où je jetterais trois millions par la fenêtre pour épouser Augusta !

Rousselin allait éclater, mais il se retint encore et sa parole resta calme.

— Allons, dit-il, mon petit Lecerf, ne nous fâchons pas ; tu viens de donner de bonnes raisons ; je t'excuse, excuse-moi... Où en es-tu de tes affaires avec cette invisible Augusta ?

— Elle m'attend ce soir pour causer de son début.

— En tête-à-tête ?

— Oui, pour éviter les importuns.

— Comme il dit sérieusement cette naïveté !

— Vrai ! très-vrai, Rousselin ; cette femme n'a que son début en tête. Quand elle aura débuté, nous parlerons peut-être d'autre chose.

— Eh bien ! Lecerf, j'ai mon début à faire, moi aussi, et j'ai besoin de toi.

— Vous entrez au théâtre ?

— Imbécile ! je dois débuter chez Célestine Desglajeux. Mon rôle est tracé. Il me faut des comparses. Je vous attends, Benoît et toi, aujourd'hui à trois heures, aux Catacombes.

— J'ai promis de dîner chez ma femme à six heures ; c'est bien le moins que je dîne avec elle trois fois par semaine.

— Sois tranquille, Lecerf ; tu pourras t'acquitter de ce facile devoir conjugal. A quatre heures, je te rendrai ta liberté. Adieu, mon ami !

— Adieu, Rousselin ; à trois heures !

Rousselin laissa percer sur sa figure un charmant sourire de bonhomie, et se dirigea vers le boulevard Montmartre, où un coupé de remise l'attendait.

Un peu avant trois heures, Rousselin descendait l'escalier du souterrain immense, et parvenu à la rotonde de la chappelle, il examina très-minutieusement, à toutes les issues des carrefours, la ligne noire tracée sur les parois, et qui servait autrefois de fil d'Ariadne, dans ce labyrinthe inextricable qui se déroule sans fin sous la ville de Paris.

Quand Lecerf arriva, Rousselin était assis sur des débris d'ossements, et il lisait tranquillement un journal.

— Ah ! très-bien ! dit-il, tu es exact, l'amour n'a pas dérangé ta montre. Benoît ne tardera guère ; il est exact, lui aussi.

— Lecerf déposa sa lampe sur l'autel.

— Depuis notre dernière conversation, poursuivit Rousselin, j'ai réfléchi et je t'avoue, avec franchise, que tes plaintes sont légitimes.

— N'est-ce pas, Rousselin ?

— Oui, mon ami ; je conviens que ta femme est un pesant fardeau. Mais écoute-moi, mon bon Lecerf, on s'habitue à tout, crois-le bien.

Rousselin se leva, prit sa lampe d'une main et le bras de Lecerf, en affectant de marcher d'un pas de promenade dans les funèbres carrefours des Catacombes?

— Oui, crois-le bien. Tu as foi complète en mon expérience, n'est-ce pas !

— Complète, cher Rousselin,

— On s'habitue à la laideur comme à la beauté. Au bout d'un an de mariage, la plus belle des femmes est encore belle pour tout le monde, excepté pour son mari. La plus laide reste laide aussi pour tout le monde, excepté pour son mari. Quand on regarde une figure tous les jours, on ne la connaît plus. En voici une preuve. Lorsque nous entrons dans une diligence pour faire un voyage de quatre jours seulement, nous examinons les visages de nos compagnons de route dans un premier moment de curiosité fort naturelle. Eh bien ! à la fin de quelques jours, ces visages ne ressemblent plus aux autres. Ce sont les mêmes pourtant. Ainsi, mon petit Lecerf, voyage dans ton château une année avec ta femme, et tu ne la reconnaîtras plus: les millions seuls auront conservé leur valeur et leur beauté.

Rousselin parlait avec une lenteur paternelle et méthodique, et Lecerf, la tête basse et l'oreille inclinée, avait l'air d'écouter Rousselin ; mais ses pensées, dominées par une image radieuse, tourbillonnaient dans le salon voluptueux d'Augusta.

Cependant, les deux hommes s'enfonfonçaient de plus en plus dans les inextricables sinuosités du labyrinthe de la mort. Les catacombes de Paris sont cent fois plus vastes et plus affreuses que celles de

Saint-Sébastien à Rome. Elles forment une ville de rues sans maisons qui ressemble à la capitale de l'enfer. Les angles s'y multiplient à l'infini, et ont tous la même forme, la même rudesse, de sorte que l'œil trompé ne peut choisir aucun point de reconnaissance dans ce chaos ténébreux, cet amoncellement de lignes frustes, cette succession de voûtes funèbres, ces méandres humides qui se ressemblent tous et s'étendent, se prolongent, se perpétuent dans les entrailles du sol, et laissent arriver aux oreilles, en échos sourds, le fracas éternel que fait Paris avec son tremblement de terre qui ébranle ses pavés, ses dalles, ses promenades et ses ponts.

Rousselin avançait toujours, et poursuivait ainsi sa théorie :

— La réflexion devine tout; il n'y a

point de secret pour celui qui pense. Pourquoi, à la fin d'un voyage, toutes ces figures se sont-elles métamorphosées? parce que l'âme, l'esprit, la sottise, la bonté, la malice, ont donné, par une longue suite d'entretiens, une physionomie nouvelle à ces figures, muettes d'abord; parce qu'on se souvient au terme du chemin, des paroles stupides qui ont terni un beau visage et des choses charmantes qui ont embelli une difformité.

Rousselin examina rapidement le terrain, et s'arrêta; sa voix prit une expression nouvelle; il abandonna le bras de Lecerf, et se plaçant devant lui :

— Lecerf, dit-il, j'ai voulu faire une dernière épreuve; elle est faite; j'ai voulu te sauver; tu veux te perdre. Eh bien! que ta fatale volonté soit faite!

— Que voulez-vous dire? s'écria Lecerf, avec effroi.

— Ce que je veux dire, le voici. Je te parle, et tu ne m'écoutes pas. Ta pensée est bien loin d'ici. Tu es un traître! et si tu ne m'as pas trahi, tu me trahiras!

— Jamais! jamais! s'écria Lecerf en réveillant des échos lugubres, endormis depuis des siècles.

— Tu me trahiras! te dis-je! cria Rousselin d'une voix stridente; tu m'as déjà trahi, en t'échappant de mes mains et de mes conseils, comme un esclave qui s'ennuie, et un ingrat libertin qui veut jouir seul de ce qu'un autre lui a généreusement donné! Tu as livré ta chevelure, ta force, ta virilité à une femme de coulisses, à une langue de théâtre! Ouvrier poitrinaire, tu as déserté le chantier de ton maître avant la fin de l'œuvre ! Lâche sybarite, tu t'es épouvanté, à vingt-cinq ans, de la laideur d'une femme ! Tu as violé tous les serments de l'amitié ; tu t'es révolté contre ton bienfaiteur : tu as déchiré la main qui t'a retiré de la boue pour t'endormir sur une mine d'or ! Eh bien ! trois fois traître, trois fois lâche, trois fois vil, tu ne sortiras pas de ce souterrain ; tu ajouteras un squelette de plus à cette noire population de la mort !

Aux lueurs de la lampe que tenait Rousselin, Lecerf vit étinceler un poignard.

— Rousselin ! s'écria-t-il, je ne te reconnais plus : tu m'as fait descendre ici pour m'assassiner ?

— Pour punir un traître, répliqua Rousselin d'une voix folle, pour me sauver!

Voilà pourquoi je t'ai conduit ici. Me crois-tu assez stupide pour te provoquer en duel, ou te tuer sur le pavé du procureur du roi? Ici, je ne crains rien; ici, je savoure les deux plus douces choses de ce monde: la vengeance et l'impunité. Enfant! je pouvais te tuer tout de suite, sans débats, sans réquisitoire, sans jugement; mais j'ai voulu te détailler tes crimes, non pas pour provoquer un repentir dont les morts n'ont pas besoin, mais pour te prouver que je sais ouvrir une poitrine avec mon regard, et lire dans un cœur les secrets de la trahison. Et puis je veux que tu emportes en mourant un regret horrible; écoute; ce que tu as gaspillé, toi, je le récolterai, moi! Je me constitue l'héritier de ta richesse, j'irai consoler l'innocence de ta veuve, à l'expiration du deuil, compte sur mon adresse bien connue, je l'épouserai.

— Mon ami! mon ami! — s'écria Lecerf en voyant se lever le poignard — j'avoue mes torts! pardonne! laisse-moi vivre! ne me tue pas! le sang versé empoisonne tout! c'est toi qui l'as dit. Au nom du Ciel! écoute... arrête... je veux faire une prière à Dieu.

— Pour qu'il te sauve! — s'écria Rousselin; impossible! le Ciel n'a pas d'oreille ouverte ici; tu es au vestibule de l'enfer : entre donc chez Satan.

Rousselin sentait à chaque instant son énergie défaillir, et il reculait devant un crime; mais à force de s'exciter par ses terreurs et ses cris, il s'éleva jusqu'au délire, et son poignard à deux tranchants aigus menaça la poitrine de son ancien ami.

Lecerf eut une inspiration soudaine : il souffla sur la lampe et l'éteignit.

Des ténèbres massives tombèrent comme un voile de plomb sur les yeux des deux hommes, et on n'entendit plus que le fracas sourd de la ville des vivants, assise sur la ville des morts.

X.

LE LABYRINTHE SANS FIL.

Le génie de la torture n'inventera jamais des horreurs comparables au supplice de ces labyrinthes ténébreux, nommés Catacombes. Hérodote assure avoir vu le labyrinthe égyptien bâti sur le lac Mœris, et il en donne une description assez agréable. C'était un édifice grand comme cent palais de ce temps et percé d'une multitude infinie de fenêtres, ouvertes sur le lac, et du côté de la chaîne de Monkatam, avec une foule d'autres perspectives ménagées vers le Nil et les pyramides. Celui qui voulait bien s'égarer dans les dix mille chambres, toutes de même forme, que renfermait ce labyrinthe, jouissait toujours de la lumière du soleil, des paysages du fleuve, du lac, de la montagne ; il n'éprouvait que le tourment de ne jamais trouver la porte, et il avait la ressource, à toute extrémité, de se précipiter dans le lac, qui avait, dit Hérodote, trois cents pieds de profondeur. Le peintre Robert, qui a écrit ses angoisses des catacombes de Saint-Sébastien, parle avec mépris des labyrinthes d'Égypte et de Crète. Il n'y a plus de terreur là où brille le soleil.

Grand Dieu! rends-nous le jour! crie Ajax dans l'Iliade ; le même cri a été répété par les hommes les plus braves, égarés dans le dédale nocturne des Catacombes ; et tous n'ont pas été si heureux que le peintre Robert, à qui Dieu rendit le jour.

Revenons à notre histoire où rien n'est inventé, hormis le nom des personnages.

Rousselin n'était pas homme à descendre aux Catacombes sans les précautions vulgaires négligées par Robert et bien d'autres. Quand la lampe s'éteignit, il fit un geste dans les ténèbres, un geste terrible, comme si Lecerf avait pu le voir. Ce geste signifiait :

— Ah! tu n'as pas voulu mourir d'un coup de poignard! eh bien! attends!

Rousselin chercha le mur à tâtons, et

recula, sans faire le moindre bruit, car
les pas s'amortissaient sur un terrain d'argile noire détrempée par le suintement
continuel des voûtes : aussi, le malheureux Lecerf croyait toujours l'entendre
respirer à son côté, lorsqu'il était bien
loin. Rousselin, en ce moment, ne cherchait pas à reconnaître sa route, ce qui
d'ailleurs lui eût été impossible, malgré
son expérience des lieux ; il voulait seulement mettre entre lui et Lecerf une longue série de carrefours, de galeries et de
sinuosités, s'efforçant toujours de suivre,
autant qu'il était possible, une ligne à peu
près directe, de peur de revenir au point
de départ, ce qui arrive souvent dans les
labyrinthes. Puis, quand il crut le moment et le lieu opportuns, il ralluma sa
lampe, et au moyen du fil d'Ariadne

tracé sur les murs, depuis les premiers mineurs des Catacombes, il atteignit la chapelle du 2 septembre, où brûlait encore la lampe de Lecerf, qu'il éteignit par luxe de précaution.

De là au carrefour de l'escalier la distance n'est pas longue. En quelques minutes, Rousselin ouvrait la trappe, et la refermait, en faisant sur elle, par dérision, un signe de croix, comme sur une tombe scellée pour Josaphat. En effet, il était de la dernière évidence, surtout pour un homme si expert, que Lecerf ne reverrait plus la douce lumière du jour.

En 1817, lorsqu'on se mit à la recherche de deux malheureux qui s'étaient égarés dans les Catacombes, on put se faire une idée juste de toutes leurs marches et contre-marches, de toutes leurs angoisses, de toutes leurs agonies désolées, en suivant sur l'argile humide la trace de leurs pas et sur les murs de terre molle l'empreinte de leurs ongles convulsifs. L'histoire de certaines infortunes n'a pas besoin d'être écrite en d'autres caractères pour parler aux yeux. Le malheureux Lecerf, immobile contre un angle de carrefour, étouffant sa respiration de peur d'indiquer au poignard le chemin de sa poitrine, cherchait, à travers le désordre de ses esprits, une idée secourable pour sortir de son horrible position : l'intelligence de Rousselin lui étant malheureusement trop connue, il devina bientôt l'épouvantable vérité ; il comprit à quel autre genre de mort son ami venait de le vouer, et cette pensée lui parut tellement juste, qu'il poussa un cri de désespoir, car il n'avait plus rien à redouter du poignard. C'est en ce moment qu'il aperçut toutes les épouvantes de son sort ; le poids d'une ville pesait sur sa tête, et son gosier desséché rendait un souffle suprême, et son cou se tordait convulsivement dans les étreintes d'un carcan de fer. Parfois, un éclair de phosphore sorti de ses yeux, une étincelle électrique, jaillissant de ses cheveux hérissés, lui montraient la voûte plate, les issues des galeries, les mosaïques de squelettes, et après cette vision rapide comme la pensée, il revoyait les ténèbres opaques, le chaos de l'Érèbe, le noir mat et désolant, à travers lesquels il fallait marcher au hasard et sans espoir d'issue. Après l'abattement profond et muet arrivaient la surexcitation de la rage, la révolte du délire. Alors il poussait des cris furieux comme le vivant dont on a cru ensevelir le cadavre, et qui sortant de sa léthargie trompeuse et se voyant cloué dans sa bière, emmaillotté dans son linceul, appelle en vain le fossoyeur au milieu de la nuit. Les hurlements du jeune homme se prolongeaient d'échos en échos, se brisaient contre des milliers d'angles aigus, bondissaient sous des voûtes infinies, et ne trouvant pas d'issue, eux-mêmes, reprenaient les carrefours déjà parcourus, se croisaient, se confondaient, se heurtaient en formant une lamentation immense, comme si les ossements des Catacombes eussent entendu sonner la trompette de Josaphat. Puis le silence retombait. Alors, la brûlante oreille du prisonnier de la Mort entendait rouler une cataracte qui se brisait par intervalles égaux contre les piles des ponts, et les gouttes d'eau distillées par la voûte basse et mouillant son visage semblaient lui annoncer que le dernier plancher du fleuve allait s'entr'ouvrir pour laisser rouler dans ces affreuses galeries la trombe d'un déluge souterrain. Crispant ses doigts contre les murs invisibles, déchirant son front aux angles du labyrinthe, heurtant ses pieds sur des monceaux d'ossements humains, il fuyait ces bruits intolérables qui ébranlaient son cerveau, et cherchait à tâtons une sorte d'abri où le silence absolu ressemblait à l'espoir. Alors, pareil à ces suicidés dont parle le poète, il pensait à ceux qui souffrent la dure pauvreté aux rayons du soleil, et il eût donné toute sa fortune pour s'associer aux rudes labeurs, aux âpres soucis, aux existences déshéritées que les villes nourrissent avec l'obole de chaque jour. Cependant les heures s'écoulaient ; le rayon attendu ne luisait pas ; aucune voix secourable ne se faisait entendre ; la soif ardente et la faim inexorable arrivaient seules comme les révélations du désespoir, et le malheureux jeune homme, brûlé par sa sueur, transi par ses frissons, rongeant ses mains comme pour s'essayer au dernier repas de la mort, se laissa tomber sur l'argile humide, n'ayant plus de souffle, plus de respiration à dépenser dans cette lutte impossible contre les ténèbres étouffantes de son tombeau.

Pendant que ces horreurs s'accomplissaient, Rousselin avait une entrevue avec l'avocat Benoît, dans l'allée de l'Observatoire, allée toujours déserte et qu'on dirait interdite aux passants.

— Ainsi donc, tu m'approuves ? disait Rousselin.

— Oui, répondait Benoît avec une certaine distraction.

— Tu comprends, Benoît, que je ne me suis décidé à une pareille vengeance, ou, pour mieux dire, à un pareil châtiment, qu'à la dernière extrémité. Seulement, je bénis le hasard qui m'a épargné un souvenir de sang. Mon poignard est pur. Le misérable a disparu de la terre sans que ma main l'ait touché. N'est-ce pas, Benoît, c'est une consolation ?

— Oh ! sans doute !... oui... c'est une consolation, comme tu dis.

— Le malheureux ! ajouta Rousselin ; il s'est perdu par étourderie et par orgueil ; et il nous aurait perdus, toi et moi.

— C'était inévitable, Rousselin.

— Il se livrait à une femme ! Écoute, Benoît, y a-t-il un exemple d'un jeune homme qui n'ait pas dit tous ses secrets à sa maîtresse ?

— Il n'y en a point, c'est vrai.

— S'il ne les disait pas, sa maîtresse les lui arracherait avec un forceps.

— Sans aucun doute.

— Et nous, Benoît, que serions-nous devenus ! Malédiction ! on a beau tout prévoir, tout calculer, tout combiner, comme la plus savante partie d'échecs, il y a toujours un malheureux pion invisible qui dérange tout, bouleverse tout !.... C'est égal, Benoît, restons unis nous deux. On est trop, quand on est trois. Deux, c'est déjà beaucoup.

— Ah ! par exemple ! dit Benoît en

souriant, cela n'est pas flatteur pour moi, Rousselin.

— Toi et moi, nous ne sommes pas deux ; nous sommes un.

— A la bonne heure, Rousselin ; tu as su arranger la chose.

— Maintenant, nous voilà tranquilles, Benoît. Revenons à Célestine Desglajeux. Tu as donc bien travaillé?

— Comme toujours.

— Bon ! tu as fait chasser sa femme de chambre ?

— Oui.

— Il ne lui reste plus que ce vieux domestique ?

— Il ne lui reste que cela.

— Et à dix heures du soir, il est toujours endormi?

— Toujours, et rien ne le réveillerait.

C'est un vieux qui dort comme un enfant.

— Bon ! tu as les deux fausses clés ; celle de la grille et celle de la petite porte de la maison ?

— Elles sont dans ma poche ; les voici.

— Je les prends... Maintenant, il ne me reste plus qu'à choisir la nuit.

— Cela me regarde, Rousselin.

— Mon bon et cher Benoît, tu aimes l'argent, je le sais ; tu vois avec quel art nous avions tout disposé pour nous enrichir avec le mariage de cette Clémence Aubigny, et voilà que cette perspective d'or nous échappe... mais nous échappe momentanément....

— Oh ! le moment sera long, interrompit Benoît avec un accent d'ironie imperceptible.

— Il ne sera pas long, mon cher Benoît. J'ai ta confiance, n'est-ce pas? Eh bien! un peu de patience, et tu seras servi au-delà de tes vœux.

— Il est convenu, Rousselin, dit Benoît négligemment, que nous faisons ce soir une visite à Célestine à Saint-Mandé?

— C'est convenu! ne faut-il pas que j'essaie les fausses clés?

— Ah! oui, la précaution est bonne!

— Je ne néglige rien, Benoît, rien.

— Rousselin, nous arriverons chez Célestine, chacun de notre côté, comme d'usage.

— Sans doute, Benoît; et ce soir, nous conviendrons de l'endroit où nous nous verrons demain. Il faut maintenant organiser notre association sur de nouvelles bases. J'ai mon plan tout fait. Nous n'avons plus avec nous ce petit étourdi de Lecerf, ainsi nous pouvons un peu nous relâcher dans notre ancienne exagération de prudence souterraine. Voici, par exemple, une allée de jardin public aussi déserte qu'une allée des Catacombes. Il n'y a que les yeux de l'Observatoire à craindre, mais ceux-là ne regardent que le ciel.

— A ce soir donc, à Saint-Mandé, mon cher Rousselin, dit Benoît sans serrer la main de son ami en le quittant.

— Je ne rentre pas chez moi, dit Rousselin à la distance de cinq ou six pas, je je vais m'habiller de neuf, chez un confectionneur du Palais-Royal, et après, je vais dîner à la tourelle de Saint-Mandé, comme un rentier qui s'émancipe. Adieu ! à ce soir !

Benoît, qui était méfiant outre mesure,

surtout à l'endroit de Rousselin, le suivit d'un long regard oblique et ne l'abandonna de l'œil qu'en le voyant franchir la grille de la rue Vaugirard.

L'agonisant Lecerf, tombé sur la terre gluante des Catacombes, avait épuisé tous les efforts de la nature humaine pour se convaincre qu'il lui restait un moyen de salut; mais le moment était venu où toute illusion cesse, où l'espoir devient, comme aux enfers, un mot veuf de sa signification. A mesure que son corps s'affaiblissait dans les ardeurs fébriles de la faim et de la soif, sa pensée devenait brumeuse comme une lampe qui va s'éteindre, il ne conservait plus de la vie qu'une sourde réminiscence prête à s'évaporer de son front.

Tout-à-coup il entendit comme dans un rêve, une voix, ou, pour mieux dire, un écho qui prononçait son nom. Le doute était bien permis. en pareil moment ; sa tête pourtant se souleva comme galvanisée et elle écouta.

Cette fois des milliers d'échos redirent le même nom, et ils ne s'éteignirent que pour le redire encore. Le doute n'était plus permis.

Le jeune homme trouva dans ses vingt-cinq ans des ressources inconnues; il secoua son agonie et se leva comme un cadavre qu'un miracle a ressuscité.

Il rappelait du fond de son âme son dernier souffle et son suprême effort, pour répondre à cette voix de délivrance, lorsqu'une idée l'arrêta sur le chemin du bon espoir.

— Si c'était encore lui ! pensa-t-il, lui qui revient pour poignarder un cadavre !

Une nouvelle pensée corrigea la première.

— Eh bien ! en supposant que ce soit lui, qu'importe ! S'il vient avec un remords, je suis sauvé ; s'il vient avec un poignard, je suis délivré. Que puis-je perdre en ce moment ? pas même la vie ! elle est perdue !

Alors, comme le nageur naufragé qui, épuisé par la lutte des vagues, en voyant la terre devant lui, retient son âme sur ses lèvres et rallume son énergie éteinte, pour gagner le port du salut, le jeune prisonnier du souterrain, répondit par un cri de détresse à la voix et aux échos. Bientôt un échange d'appels s'établit sous les voûtes ténébreuses ; mais l'obstination des échos ne permettait pas d'établir des conjectures sur la distance qui séparait les deux voix, et de prononcer des syllabes distinctes. Il fallut que l'intelligence de l'appelant et de l'appelé régularisât ce mode souterrain de sauvetage, pour amener, après plusieurs heures, le résultat attendu.

Une lueur blafarde, mais plus belle que les plus belles aurores, courut sous une voûte et fit tressaillir le prisonnier. Une clarté remplaça la lueur, une voix retentit, une lampe rayonna ; le sauveur parut.

Ce n'était pas Rousselin.

Lecerf, autant que sa faiblesse pouvait le lui permettre, marcha vers l'apparition et reconnut l'avocat Benoît.

— Eh bien ! suis-je un ami ! s'écria le sauveur en recevant les affectueuses étreintes du prisonnier.

— Ne perdons pas une minute, dit

Lecerf ; je veux sortir, je veux respirer, je veux voir le ciel, je veux voir le monde des vivants.

— Calme-toi, mon ami, dit Benoît d'un ton de bonté bien joué, tu vas tout revoir dans un instant.

— Oh ! j'étouffe !... je ne veux rien savoir ; tu me conteras tout plus tard... Sortons de cet enfer, sortons !

— Modère-toi, te dis-je, ami Lecerf ; si je n'étais pas venu te délivrer, où aurais tu trouvé le moyen de sortir ?

— Eh bien ! je serais mort ; mais puisque je vis, puisque tu me délivres, ne me tue pas en me sauvant ! Conduis-moi vite à la porte de ma tombe. Ressuscite-moi tout-à-fait.

— Te voilà donc déjà ingrat !

— Moi ingrat ! quelle injustice atroce !

fais-moi vivre, si tu veux que je sois reconnaissant. Ne demande pas des vertus à un cadavre.

— Eh bien! Lecerf écoute-moi, je te connais, et Rousselin ausi le connaît bien. Ainsi ne crois pas que je te sauve pour le plasisir de te sauver. Si je te conduisais, comme un innocent que je ne suis pas, à la porte de ce souterrain, tu oublierais le service rendu en mettant le pied sur la terre de la vie et de l'ingratitude...

— Que dis-tu! mon ami!

— Ne m'interromps pas, Lecerf!... écoute... je connais les hommes; la reconnaissance est pour eux un fardeau plus lourd que cette voûte qui t'écrase. Demain, tu me donneras encore un sourire; après-demain, tu m'accorderas un salut honteux; dans deux jours, tu ne me reconnaîtras plus. C'est la marche ordinaire. Aussi, je tiens à prendre mes précautions.

— Mais, au nom du ciel! dit Lecerf, où veux-tu en venir avec ces préambules? Je te dirai comme la fable: Tire-moi de danger, tu feras après ta harangue.

— Non pas, Lecerf; ta fable a tort; il faut que je fasse ma harangue avant. Elle est faite... nous allons passer à l'action.

— S'agit-il encore de Rousselin?

— Non. Rousselin est à la soirée de Saint-Mandé; nous ne craignons rien ; il ne viendra pas nous troubler dans nos affaires.

— Oh! j'aurai la vie de cet infâme Rousselin !

— Eh! que ferais-tu de sa vie? Écoute, Lecerf, si nous nous arrangeons nous deux, à l'amiable, tu pourras te venger de

Rousselin d'une autre manière ! Je me charge de te faire ton plan.

— Arrangeons-nous donc à l'amiable, je ne demande pas mieux. Voyons que dois-je faire?

— Plus que tu ne penses, Lecerf.

— Je consens à tout pour sortir d'ici.

— Peut-être, Lecerf.

— Comment! peut-être! voilà un doute bien étrange ! Je vais mourir, tu me rends la vie, et j'hésiterais à te rendre un service, à t'obliger !

— Lecerf, je redis mon peut-être.

— Benoît, tu es fou !

— Voilà l'ingratitude qui commence !... Lecerf, tu t'es habitué avec la mort; tu as fait l'apprentissage de l'agonie, et il se pourrait bien...

— D'avance, j'accepte tout, interrompit Lecerf.

— Au reste, ajouta Benoît, j'ai prévu le cas de refus, et j'ai pris mes précautions en conséquence... Cette lampe que je tiens d'une main, je puis l'éteindre d'un souffle, et ce cordon d'Ariadne que je tiens de l'autre main me ramènera seul à l'escalier des Catacombes, si ta folie me fait subir un refus.

— Peut-on ainsi laisser sur des charbons ardents un homme qui consent même à l'impossible! dit Lecerf en s'appuyant contre le mur pour se soutenir.

— Eh bien! dit froidement l'autre, nous allons voir si tu accepteras le possible.

XI.

DEUX FEMMES.

Après un moment de silence, l'avocat Benoît poursuivit ainsi :

— Rousselin, quoi qu'il en dise, est riche ; il peut donc attendre. Richesse donne patience. Moi, je n'ai rien et je n'attends pas. Rousselin regarde un an comme un jour, lorsqu'il s'agit de faire réussir une entreprise. Ainsi il est homme à attendre l'expiration du terme légal pour épouser ensuite, après des manœuvres diaboliques, ta belle veuve, Clémence. Moi, je ne sais pas prévoir le bonheur de si loin. Il me faut du bonheur comptant. Voyons, en as-tu à me donner ?

— Ici, non ! dit Lecerf d'un ton de raillerie.

— Parbleu ! je le sais bien, que tu n'as pas apporté ton coffre-fort aux Catacombes ! il s'agit de nous entendre à l'amiable. Nous trouverons, si tu veux bien m'aider, un moyen facile de me donner de l'argent. Je connais ton contrat de mariage, puisque je l'ai inspiré ; il est très-avantageux pour toi. Ta femme d'ailleurs est bonne personne. Ainsi, de toute manière, tu peux payer ta rançon.

—Mon Dieu! dit Lecerf d'une voix défaillante, viens au fait. Veux-tu ma signature?

— Attends. Je ne refuse pas ta signature. J'ai même apporté sur moi quelques petits papiers timbrés, dont on peut faire des acceptations en bonne et due forme; mais cet expédient est chanceux. A tout hasard, pourtant, je me suis emparé en entrant ici, de ta correspondance étourdie avec Rousselin, et je pourrais me servir de cette arme contre toi si tu osais me faire quelque chicane pour tes signatures forcées...

— Oh! quelle idée! murmura Lecerf.

— L'idée peut te paraître blessante, j'en conviens : mais elle est bonne.

— Je signerai tout ce que tu voudras, et je paierai ; mais sortons.

— Un moment, Lecerf... tu ne peux pas me faire des billets payables demain, et demain j'ai besoin d'argent. Voilà le point essentiel. Peux-tu me donner de l'argent tout de suite?

— Oui,

— Combien?

— Environ quinze cents louis en or.

— Où sont-ils?

— Au château de Bougival.

— Et si je t'accompagne à ton château, tu me donnes ces quinze cents louis?

— En arrivant.

— Eh bien! Lecerf, signe-moi toujours à présent ces billets; une misère! Il n'y en a que pour cent mille francs. J'ai pour garantie ta correspondance avec Rousselin.

Benoît exhiba tout de suite ses provisions de billets à ordre, et n'ayant rien à redouter de Lecerf, dans l'état de faiblesse où il se trouvait, il le conduisit, à l'aide du cordon, jusqu'a l'ancien atelier de Rousselin. Là, toutes les signatures exigées furent données avec un empressement fort naturel. Lecerf lava ses mains et son visage à la fontaine de la chapelle, dont le bassin est aujourd'hui dévasté, et s'appuyant sur la main de son étrange ami, il monta l'escalier, et ressuscita bientôt à la clarté des étoiles d'une admirable nuit.

— Avant de soulever cette trappe, dit Benoît, j'ai examiné minutieusement un travail fort ingénieux où j'ai reconnu le génie de Rousselin. Il avait disposé sur cette ouverture, dans un ordre irrégulier, toutes sortes de débris dont, à coup sûr, il a pris bonne note dans son excellente mémoire, et je suis obligé de replacer toutes ces figures dans le même ordre, ce qui attestera aux yeux de Rousselin que personne n'a soulevé la trappe de l'escalier.

Lecerf haussa les épaules, ce qui signifiait : Je me soucie fort peu de lui maintenant, il ne m'y reprendra plus.

Benoît comprit la pantomime de Lecerf et dit :

— Je sais pourquoi je fais cela, et toi, tu le sauras plus tard.

Une courte halte dans un cabaret voisin et désert rendit ses forces à Lecerf. Les deux hommes ne s'arrêtèrent plus qu'un instant à Paris, d'où Benoît écrivit une prudente lettre d'excuse à Saint-Mandé; et ils purent encore profiter du dernier convoi pour se rendre à Bougival.

Lecerf, muni de sa clé de propriétaire, ouvrit la petite porte du parc, et recommandant à son compagnon le silence le plus absolu, il s'avança jusqu'aux fenêtres basses du château, qui laissaient percer la lueur d'une lampe.

Il y avait là un tableau d'intérieur bien triste. Clémence paraissait arrivée au paroxisme de la désolation; sa tête renversée sur la guipure d'un fauteuil, son corps immobile comme un cadavre assis, son bras droit étendu, sa main qui tenait un mouchoir imbibé de larmes, tout annonçait chez elle une douleur au-dessus de la faiblesse d'une femme; et sa mère, qui semblait avoir épuisé les consolations et les pleurs, regardait d'un œil fixe le ciel, n'ayant plus de secours à demander à la terre.

Cette scène muette donna quelque émotion à Lecerf, et il l'aurait longtemps contemplée avec un certain intérêt douloureux, si une voix infernale parlant bas à son oreille ne l'eût rappelé aux tristes réalités de son histoire.

— Eh bien ! lui dit Benoît.

Ce froid *eh bien* ! fit tressaillir le jeune homme, qui se retourna et fit un signe de soumission.

Lecerf se dirigea vers le cellier, ouvrit sans bruit une petite porte, de l'air de l'avare qui rend une visite mystérieuse à son trésor, et reparut bientôt devant son ruineux libérateur avec la rançon promise.

Benoît ouvrit la boîte, regarda, toucha, et dit sur le ton de la générosité :

— Je ne compte pas. Adieu !

— Comment ! adieu ! dit Lecerf ! tu pars !

— Sans doute. Il me semble que je n'ai plus rien à faire ici.

— Crois-tu donc que je reste, moi ? Attends-moi quelques instants sur la terrasse, je te rejoins, et nous rentrons ensemble à Paris avec cette nuit si fraîche et si belle. J'ai toujours besoin de respirer aux étoiles et de prendre un bain d'air.

— Soit, dit l'autre, mais je te recommande, Lecerf, de ne prendre aucune arme; je suis très-bien armé, moi, et je ne crains pas les dangers de la nuit.

— C'est bon ! je crois te comprendre. Sois bien tranquille. Je ne t'arrêterai pas sur la grande route pour te reprendre ton trésor. J'ai un petit devoir de famille à remplir et je suis à toi.

— Je t'attends.

Le jeune mari rajusta sa toilette le mieux possible et sonna timidement à la porte du château. La gamme d'un coup de sonnette porte avec elle son expression; il était évident pour l'intérieur que la personne qui sonnait ainsi avait une foule de torts.

La porte s'ouvrit, et Lecerf parut dans le salon.

Ici, nous ne hasarderons aucune réflexion morale, prise dans le cœur de cette situation domestique; nous l'indiquerons seulement; l'intelligence de celui qui lit remplira cette lacune, et, à la fin de ce chapitre, ce passage deviendra plus clair, s'il est encore obscur en ce moment.

Un cri de joie retentit dans le salon; Clémence se leva vivement comme pour se précipiter dans les bras de son mari, puis elle modéra cet empressement de jeune épouse, et prenant les mains de Lecerf, elle les couvrit de larmes et de baisers. Une révolution impossible s'accomplit dans le cœur du jeune homme; il embrassa Clémence avec une tendresse vraie, un de ces mouvements de l'âme que les femmes laides surtout comprennent si bien, parce que ces sortes de bonheur ne leur arrivent presque jamais.

Une larme de son mari, une larme plus précieuse que la richesse, tomba sur le front de la pauvre millionnaire et l'inonda de joie. Les larmes ont toujours raison. Lecerf voulut balbutier quelques mots d'excuse, mais une voix douce comme la bonté angélique, lui ferma la bouche. Clémence lui disait :

— Je suis si heureuse de vous revoir, que je crains de diminuer mon bonheur, en écoutant une justification.

La mère, toujours à l'écart, contemplait cette scène avec des regards d'extase, et n'osait la troubler par une seule parole. Son gendre s'avança et lui serra les mains avec un maintien humble qui semblait solliciter un pardon ; il voulut recommencer une histoire pour expliquer sa conduite, mais Clémence et sa mère ne voulurent rien entendre ; elles s'unirent pour repousser toute excuse ; elles n'avaient plus rien à demander au Ciel, et le doux rayonnement de la bonté qui épanouissait leurs visages prouvait bien qu'elles ne songeaient pas même à donner un pardon. Les deux femmes seules avaient tort, dans cette affaire, du moins on aurait pu le croire, en les voyant.

— Et maintenant, dit Lecerf, je ne sais vraiment quelle tournure prendre pour vous dire qu'une affaire impérieuse m'appelle à Paris, au point du jour, et que je suis forcé de vous quitter.

Clémence baissa la tête comme l'esclave devant l'émir.

— Cependant, ajouta le jeune mari, je vous promets de venir déjeuner au château demain.

Clémence prit la main de son mari et lui dit avec une douceur céleste :

— Vous savez tout le bonheur que votre présence nous donne, toute la tristesse dont votre absence nous accable. S'il nous faut encore attendre demain, nous attendrons. Êtes-vous seul, mon ami ?

— Hélas! non, ma chère Clémence; si j'étais seul, je ne partirais pas. Je suis avec un... ami qui m'attend sous les arbres du parc... C'est un avocat, chargé de mes affaires... J'ai un procès de famille... un autre jour je vous conterai toutes ces petites tribulations qui vont finir, grâce à Dieu.

— Mais, mon ami, si ce sont des affaires d'argent, payons, et ce sera plus tôt fini.

— Oh! non! Clémence... l'argent y joue bien un rôle comme dans tous les procès... mais il y a des droits à établir... sur une succession de mon oncle...

— A propos, interrompit madame Aubigny, et ce bon M. Rousselin! nous ne l'avons plus revu. Nous comptions, Clémence et moi, lui faire une petite visite demain...

— Vous ne l'auriez pas trouvé, dit vivement Lecerf... il fait un petit voyage en ce moment... pour ses affaires... d'agriculture.

— Quel excellent homme ! dit madame Aubigny.

— De qui parlez-vous, ma belle-mère ?

— Mais de votre parent M. Rousselin.

— Ah ! pardon ! oui... j'étais distrait... je regardais Clémence... Oh ! oui, M. Rousselin est un excellent homme !... mais nous sommes en délicatesse depuis quelques jours.

— Est-ce possible ? dit madame Aubigny.

— Oui, chère maman..... et c'est à

cause de ce procès dont je vous parlais tout-à-l'heure.

— Mais il faut espérer que tout cela s'arrangera? demanda la mère.

— Peut-être.

— Comment! vous vous brouilleriez avec votre oncle! un homme si bon, si simple, si naturel, qui vous écoute parler comme un oracle...

En ce moment, la voix de Benoît se fit entendre dans le silence de la nuit et du parc, et Lecerf s'efforçant de sourire, dit :

— Voilà mon ami qui s'impatiente. Excusez-moi, mes bonnes amies, je vais le rejoindre, et, sans faute, je vous rejoindrai demain, avant midi.

Lecerf embrassa les deux femmes et ajouta :

—Je vous quitte avec la consolante idée que vous achèverez tranquillement votre nuit.

Deux *oui* et deux sourires de bonté furent la seule réponse de madame Aubigny.

Peu de temps après, Benoît et Lecerf cheminaient sur la route, et ne s'entretenaient que par des mots décousus comme deux ennemis obligés de vivre ensemble.

Ce ne fut qu'au terme de la route que l'entretien devint sérieux.

— Écoute, Lecerf, dit Benoît, nous avons en ce moment, ou nous aurons demain un ennemi formidable.

— Je le sais.

— Si nous ne le perdons pas, il nous perdra, lui,

— Parbleu ! je le sais mieux encore, dit Lecerf ; il m'a déjà perdu dans les souterrains.

— Eh bien ! dit Benoît, il te perdra sur la terre.

— C'est ce que nous verrons.

— C'est ce que nous ne verrons pas, Lecerf.

— Je l'espère bien.

— Écoute, Lecerf, soyons francs ; nous ne pouvons pas nous estimer nous deux, toi et moi.

— Oh ! c'est positif ; je te jure que tu n'as pas mon estime.

— Mais, Lecerf, ce n'est pas une raison pour rester désunis devant Rousselin.

— Oui, Benoît, on fait des ligues entre

ennemis pour en écraser un plus dangereux et plus fort.

— C'est cela... eh bien ! nous allons nous séparer ici, et tu recevras bientôt de mes nouvelles à ton domicile de garçon, rue Neuve-St-Roch.

— J'attendrai tes ordres. Adieu ! ne nous touchons pas la main.

Les deux ennemis se séparèrent avec la même idée, l'extermination de Rousselin.

Il y a un exemple de cela dans l'antiquité : Auguste, Antoine et Lépide, si liés d'abord, si désunis après. C'est l'histoire de toutes les associations qui n'ont pas pour base l'idée honnête.

A l'heure jugée convenable, Lecerf courut à la maison d'Augusta pour s'excuser de son impolitesse de la veille, et chemin faisant, il cherchait une raison admissible et ne trouvait rien. Une femme de théâtre est plus difficile qu'une autre, dans le terrible quart-d'heure d'une équivoque justification.

Continuant à ne rien trouver, Lecerf résolut de se confier à l'inspiration du moment.

Une femme de chambre dont le visage sévère reflétait le mécontentement de sa maîtresse, reçut le jeune homme et l'enferma dans le salon comme un prisonnier qui se livre lui-même et va être jugé.

Augusta se fit longtemps attendre, et quand elle parut, Lecerf pria le plancher de s'entr'ouvrir. Vénus s'était changée en Euménide.

— Vous voilà, monsieur ! dit-elle avec un accent de quatrième acte, vous arrivez un siècle après l'heure convenue! Quel magister de village a fait votre éducation? Dans quel étouffoir de bas lieu avez-vous appris les usages du monde? De quelle basse-cour de Basse-Normandie sortiez-vous quand l'octroi a oublié de vous arrêter aux barrières? Et vous osez vous présenter chez moi, sans vous faire précéder d'une excuse! Cependant, je suis bien aise de vous voir ici; ça me donne le plaisir de vous chasser.

Lecerf se courba, mit son front au niveau du tapis, et commença d'une voix suppliante une excuse qui s'arrêta au premier mot de la préface : Madame...

— Taisez-vous, monsieur! dit Augusta d'une voix de tam-tam; toute votre fortune ne vaut pas ce que vous me faites perdre ce matin! On répète à midi, généralement, avec costumes, décors et accessoires, le drame de *Sévelinka,* ou l'*Héritière polonaise,* dans lequel je joue un rôle de huit cents lignes, et le prince Paganogoff, qui part ce soir pour Pétersbourg, doit venir m'entendre et m'engager pour cinq ans : un engagement de trente mille roubles ! Et maintenant, monsieur, après cette scène, qui va me mettre vingt chats dans la gorge, comment voulez-vous que je sache un mot de mon rôle ? Comment voulez-vous que je puisse répéter d'une façon convenable devant M. Paganogoff?...

— Madame, recommença Lecerf encore plus humblement que la première fois ; on aurait dit qu'il voulait descendre à l'étage inférieur et parler sous la poussière des pieds d'Augusta.

— Encore une fois, monsieur, taisez-vous ! poursuivit la jeune femme d'une voix d'Ambigu-Comique, et quand même vous me donneriez cinquante mille roubles comme dédommagement, me donnerez-vous la gloire? la gloire qui est la seconde vie de l'artiste! la gloire qui nous ressuscite après notre mort! Allez, monsieur, vous **êtes** un homme vulgaire; je vous avais trop favorablement jugé du premier coup d'œil ; je me suis trompée de cinq pieds sur la hauteur de votre taille; vous ne méritez pas l'estime d'une femme comme il faut ; je ne sais pas m'abaisser si bas pour regarder un amant. Je cherche un cœur au niveau du mien. Allez! monsieur; je vous donne pour dernier conseil d'oublier le numéro de ma maison.

Augusta fit une pirouette devant son

miroir, ouvrit la porte de sa chambre et disparut.

Le jeune Lecerf était foudroyé. Il garda quelque temps la pose qu'un sculpteur donne à son modèle pour un Caïn maudit de Dieu.

Après, se voyant seul au milieu de ces meubles gracieux et de ces frivolités charmantes qui attestent le voisinage d'une femme, il prit l'épouvante à l'idée qu'Augusta pouvait rentrer avec une fureur plus terrible que la première, et comme, après tant de crises, il se sentait trop faible pour subir la scène suprême d'un cinquième acte, il gagna la porte de l'escalier et sortit.

Quelle différence entre ces deux femmes! pensait-il malgré lui : Clémence et Augusta!

Et il se souvenait, avec des larmes, de cette joie qu'il avait donnée à sa femme en rentrant au château.

— Allons la voir ! se dit-il énergiquement.

Et avant de prendre le chemin de fer, il s'arrêta un instant à son ancien domicile de garçon pour adresser au portier la question d'usage : Y a-t-il quelque chose pour moi ?

On lui remit une lettre ; elle n'était pas signée, mais le nom du correspondant était inutile, comme on va le voir :

« Mon libéré, je n'ai pas voulu perdre
» une minute. J'ai vu l'homme de l'Obser-
» vatoire. Hercule, Samson, David, Antoi-
» ne, sont vrais comme la vérité pure ; le
» géant qui a une passion de femme au

»cœur est un nain, et encore je flatte les
» les géants.

»Tout est arrangé, nous le tenons. Je
» t'expliquerai tout.

»Je t'attendrai demain au coucher du
» soleil, devant la colonne de la Bastille,
» côté Jardin-des-Plantes.

» N'y manque pas.

»Ne brûle pas cette lettre. On ne brûle
»jamais les lettres dangereuses, on les rend
»à celui qui les a écrites. Tu me rendras
celle-ci »

»Signe pour moi. »

Lecerf se fit à lui-même le geste qui veut dire : J'irai !

FIN DU PREMIER VOLUME.

Coulommiers, — Imprimerie de A. MOUSSIN.

TABLE DES CHAPITRES

DU PREMIER VOLUME.

		Pages.
Chap.	I. Trois hommes suspects.	5
—	II. Une soirée bourgeoise.	33
—	III. Née pour tous les sceptres.	65
—	IV. Une laideur de trois millions.	97
—	V. La maison de Rousselin.	129
—	VI. Le cousin Maurice.	163
—	VII. Une soirée de cette époque.	193
—	VIII. Une nuit de noces.	223
—	IX. Les Catacombes.	253
—	X. Le labyrinthe sans fil.	279
—	XI. Deux femmes.	305

FIN DE LA TABLE DU PREMIER VOLUME.

www.ingramcontent.com/pod-product-compliance
Lightning Source LLC
Chambersburg PA
CBHW072021150426
43194CB00008B/1203